竹島の位置

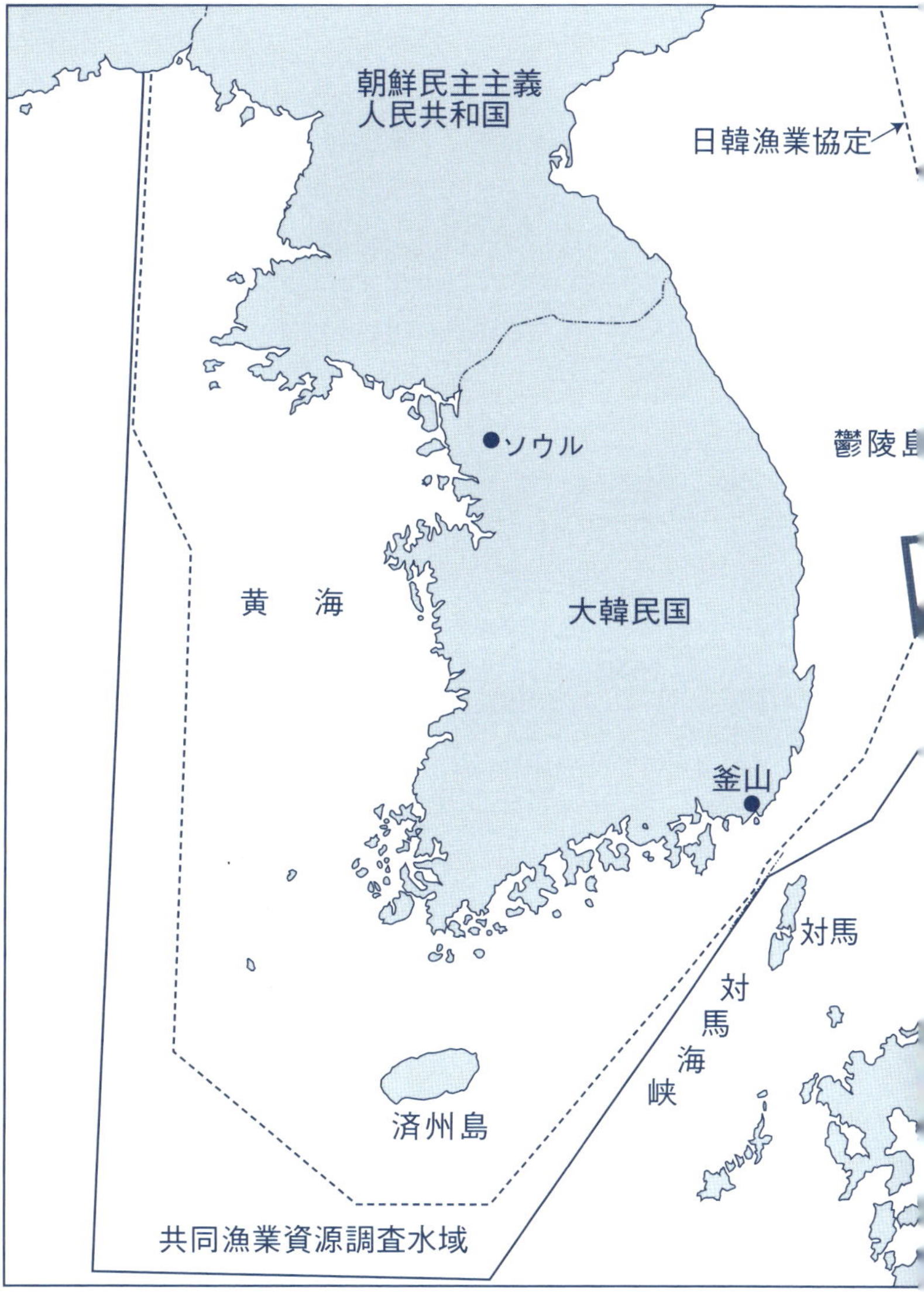

竹島とナショナリズム

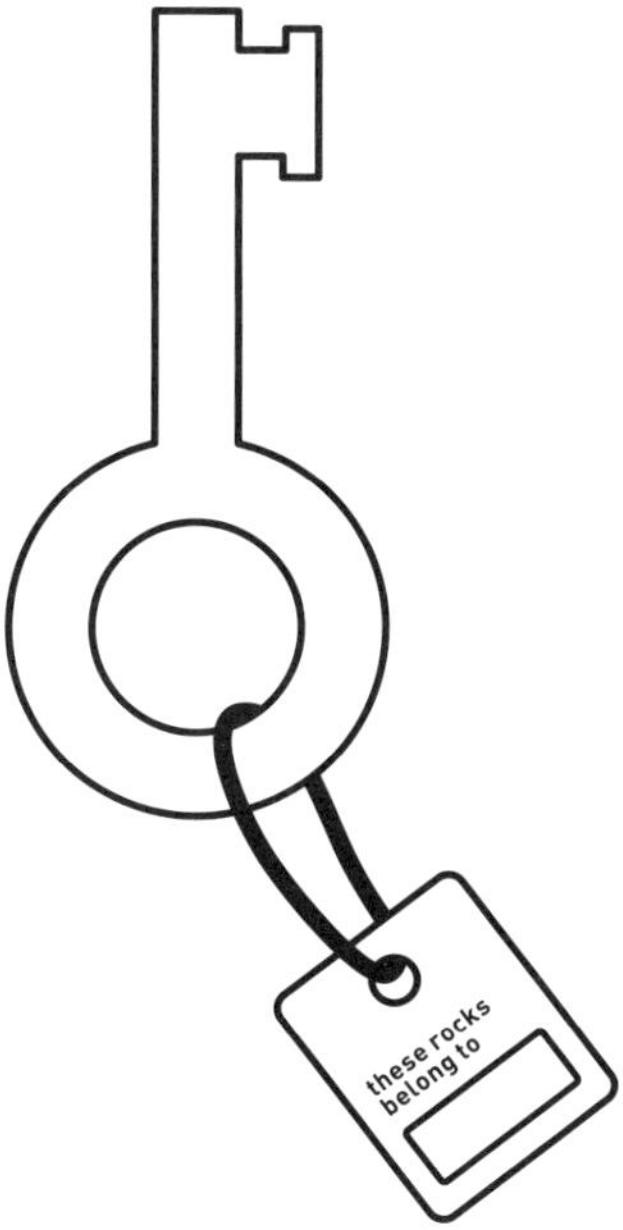

姜誠
KANG SONG

コモンズ

竹島とナショナリズム●もくじ

2章　竹島論争の現状　36

プロローグ

領土ナショナリズムからの脱却をめざして

「木浦共生園」の受難

日本、韓国、そして中国に、領土ナショナリズムが吹き荒れています。

領土ナショナリズムは北東アジアに暮らすこの3国の人びとの心に、不毛な対立と憎悪をもたらすだけでなく、北東アジアに構築されてきたさまざまなレベルの交流、協力、提携の関係をも壊そうとしています。日本と韓国の間で懸案になっているのは、竹島(韓国では独島《トクド》と呼ぶ)の領有をめぐる争いです。

竹島は、東京都にある日比谷公園ほどの広さ(約0・23㎢)の、島というより小さな岩礁にすぎません。そんなちっぽけな小島の領有を争うことで、日韓の人びとが反目し、対立しているのです。まったく残念としか言いようがありません。

韓国西南部の木浦《モッポ》市に、「木浦共生園」という児童養護施設があります。この施設をつくり、運営してきたのは、田内千鶴子《たうちちづこ》さんという日本人の女性です。

韓国人の男性と結婚し、韓国で暮らしていた千鶴子さんは、日本の敗戦後も木浦市に残り、３０００人以上の韓国人孤児を引き取り、育ててきました。その献身から、韓国では「韓国孤児のオモニ（お母さん）」と呼ばれ、敬愛された女性です。１９６８年に亡くなったとき、木浦市は市民葬を執り行いました。その葬儀にはじつに3万人もの市民が参列し、千鶴子さんの死を悼《いた》んだといいます。

千鶴子さんの生誕１００周年の２０１２年、日本と韓国は協力して「世界孤児の日」を制定しようと、国連に働きかけてきました。ところが、その制定推進大会を千鶴子さんの命日に当たる10月31日に木浦市で開いたところ、日本からの参加辞退が相次いだそうです。辞退の理由は、竹島問題による日韓関係の悪化でした。

「世界孤児の日」制定の動きは、韓国の孤児を守り育てた田内千鶴子という日本女性を顕彰するとともに、世界の孤児に国家や人種・民族を超えて救いの手を差し伸べようと、日韓の市民が共同で進めてきたプロジェクトです。こうした世界に誇りうる無私のプロジェクトにさえ影響を及ぼしてしまうのが、領土ナショナリズムなのです。

国家の主権は国民と領土によって裏打ちされます。領土を失うことは主権を失うことであり、国民の生命・財産を失うことと同義と考えられています。それだけに、だれもが領土紛争に敏感にならざるを得ません。あるいは敏感なふりをしないと、自国の世論からバッシングを受けかねないのです。

一般の市民ですらそうなのですから、ましてや政治家ともなると、さらに毅然とした対応を求められます。政治家の使命は第一に国民の生命と財産を守ることですから、ひとたび領土争いが起きると、だれよりも勇ましく、熱心に取り組むことが求められます。適切な対応を取らないと、政治家としての資質を有権者から疑われかねません。

事実、2012年8月10日に韓国の李明博《イミョンバク》大統領が竹島を訪問上陸し、日韓間で領土紛争が再燃すると、こう叫ぶ政治家が両国で次々と現れました。

「領土を守りぬくことは国家の主権、国益にかかわる大問題。竹島(独島)はわが国固有の領土。一歩たりとも譲ることはできない!」

強硬一辺倒の政治家たち

例を挙げるときりがないので、日韓両国の代表的なケースをひとつずつ紹介します。

まず日本――。

ソン・イルグク*という韓流スターが、竹島は韓国のものであるということを内外にアピールするため、２０１２年８月15日に、韓国本土から竹島まで泳いで渡るというパフォーマンスをしました。と言っても、実際には、船で波除け用の巨大なプラスチック製の枠を曳航し、その中をパチャパチャ泳ぐというものです。しかも、体力が不足していたのか、そのプラスチックの枠内を泳ぐことすら難儀し、途中でドクターストップがかかるという体たらくでした。

そのパフォーマンスは凛々しく勇ましいというよりは、むしろわたしの目には滑稽に映りました。失敗に終わったそんなパフォーマンスなど無視しておけばよいのに、これに敏感に反応したのが、みんなの党の浅尾慶一郎衆議院議員でした。わざわざ衆議院予算委員会でこの話題を取り上げ、ソン・イルグクさんの訪日ビザ却下を提案したのです。

さらにこの浅尾発言を受け、今度は野田佳彦内閣の一員である山口壮外務副大臣までもが民放テレビで、こう発言しました。

「これから（ソン氏）は日本に来るのが難しくなるだろう。それが国民的な感情と思う」

民間の動きにいちいち国会や内閣が反応し、対抗心をあらわにする。異常としか思えません。

*宋一國　１９７１年生まれ。韓国の俳優。代表作に『朱蒙《チュモン》』（２００６年ＭＢＣ演技大賞で大賞と最優秀男優賞を受賞）、『海神《ヘシン》』など。

韓国での動きも、日本に負けず劣らず異常です。

同じ年の8月末に、統一研究院*の金泰宇《キムテウ》院長が自らのホームページに「韓日外交戦争を早く終結すべきだ」というタイトルの文章をアップし、そこで「独島周辺の海洋や海底資源を韓日両国が共有することを真剣に論議してはどうか？」と、持論を展開しました。

竹島は樹木も満足に生育しない岩礁のような小島で、島そのものにたいした価値はありません。しかし、付近は豊かな漁場で、さまざまな海底資源も埋蔵されています。日韓が竹島の領有を争う実利的な意味は、漁業資源や海底資源の占有にあるわけです。だから、共有してしまえば、竹島をめぐって両国が争わずにすむはずと考えた金院長の主張は、一考に値します。

ところが、この主張が注目されて物議をかもすと、日本と同じように政治家たちが先を争うように、金院長へのバッシングを始めたのです。最初に発言したのは、野党の民主統合党**の崔宰誠《チェジェソン》議員でした。国会の予算決算特別委員会の席上で「金泰宇院長は本当に統一研究院長なのか？　これではまるで親日研究院長だが、相応の措置を講じるのか」とやり玉に上げ、政府に処分を迫ったのです。

さて、政府はどう応じたのでしょうか？　答弁に立った金滉植《キムファンシク》首相は、金院長の処分にこう言及しました。

*韓国統一部に所属する政府機関。南北統一政策などを研究する。

**2011年に旧民主党と韓国労働組合総連盟が合同して生まれた韓国最大野党。13年5月、民主党に党名を変更。

「容認できない主張だ。発言の経緯を十分に把握し、責任を問う必要があると思う」

そのため、金院長はその直後に会見を開き、こう釈明せざるを得ませんでした。

「デリケートな時期に、誤解を招きかねない文章をウェブサイトに掲載したことを反省している」

外交よりも内交

こうした日韓の政治家の言動に共通するのは、相手国への意思表示というより、国内向けのものであるということです。外交でなく、いわゆる内交に向けたアクション。対立する相手国への対抗措置というより、まず自国の有権者に「弱腰！」と批判されないように力を注いでいるのです。

そこから垣間見えるのは、自己保身と扇動への欲望です。ポピュリズム政治***と言ってもよいかもしれません。

領土を侵犯されたと怒る大衆の素朴な感情をバックに、ポピュリズムの誘惑に負けた政治家が支持率アップや自己保身目当てに強硬な発言を繰り返し、大衆の怒りをさらに増幅させ、紛争の両当事国のパートナーシップを壊してしまう。これが領土ナショナリズムと

***情緒や感情によって態度を決める大衆を重視し、その支持を求める政治的手法、運動。

いうメカニズムの厄介なところです。

とくに私たちが警戒しなければならないのは、必要以上に領土ナショナリズムにのめり込み、人びとを煽る政治家の存在です。領土ナショナリズムは煽れば煽るほど、その政治家の存在感が際立ち、求心力をもつことになります。そうした政治家の多くは、国民にとって重要で切実な政治課題を十分に解決できないまま、いや、むしろその解決責任から逃れるために、領土問題をわざと取り上げ、自己の政治的影響力を保とうと企むケースがよくあります。

こうした政治家は自国民を対立と反目へ動員することが目的なので、領土問題で争う二国の関係が停滞し、外交や経済面で国益を損ねたとしても気にかけません。自分の行動を正当化するため、さらに「愛国」や「国益」を叫び、人びとの対立エネルギーを引き出そうとします。わたしたちは、こうした領土ナショナリズムに囚《とら》われないようにしなくてはなりません。

もう一度、強調します。領土ナショナリズムは紛争国双方の人びとに排外と不寛容をもたらし、二国間の交流、連携、協働を壊してしまうものなのです。

日韓は必要不可欠のパートナー

そもそも日本と韓国は、必要不可欠なパートナーになって久しいのです。それは両国の貿易関係を見ても明らかです。日本は韓国にとって輸出額4位の主要な貿易国、日本にとって韓国は輸出額第3位の大切な貿易国になっています。貿易総額は、２０１１年度で８兆４４００億円にもなります。

興味深いのは、韓国の対日赤字は毎年2〜3兆円規模になるのに、総貿易収支では２兆５６００億円（２０１１年度実績）の黒字になっているという事実です。これは韓国企業が日本から高品質の機械部品や素材を輸入し、それを製品にして世界に輸出するという、二国間分業が成り立っていることを示しています。つまり、日韓関係は経済的に双方が「ウィンーウィン」の関係になっているのです。同じことは、尖閣諸島の領有で対立を深めている日本と中国との間でも言えるでしょう。

それなのに、日比谷公園ほどのちっぽけな絶海の孤島をめぐり、日韓が角を突き合わせるのは、あまりに馬鹿げています。

領土問題は国家が互いの「正義」を掲げて争うだけに、たやすく白黒はつきません。長い時間をかけ、知恵をしぼって落としどころを探る、外交努力が欠かせません。にもかかわらず、政治家がポピュリズムに乗り、いたずらに国民の素朴な怒りや不満に火をつけていたのでは、実のある外交交渉など望むべくもありません。結果的に解決の糸口をいつまでたっても見出すことができず、その間、紛争国間の交流や提携、経済活動などが遅滞する分だけ、国益も失われていくのです。

いまこそ日韓は竹島の共同管理を

日韓はこうした領土ナショナリズムの愚から脱却し、竹島問題を未来志向的に解決すべきです。その解決方法としてわたしが考えるのが、日韓による竹島の共同管理です。ただし、このアイデアは多くの場合、一笑に付されてきました。領土ナショナリズムが燃えさかれば燃えさかるほど、相手国に対して毅然とした対応をすべしという声が力をもちます。そうした勇ましい声の前では、共同管理論は臆病で売国的な考えと切って捨てられてきたのです。

しかし、領土問題は一朝一夕には解決しません。むしろ、双方が「正義」を掲げて引くに引けなくなってしまう分、袋小路に迷い込み、解決が困難になってしまいます。そうした膠着状況を打開するためにも、共同管理論は有用です。

と言っても、日韓双方の譲歩の上に成り立つ竹島の共同管理は、一気には実現しません。その前段階として、二つのステップが欠かせません。

①竹島を領土係争の地と双方が認める。

②領有権争いを棚上げにする。

このステップをきっちりと踏んだうえで初めて、竹島を日韓両国で共同管理するという最終ゴールに、わたしたちはたどり着くことができるのです。

1章 だれが領土ナショナリズムを刺激したのか?

タブーカードを切った李明博大統領

日本と韓国は第二次世界大戦後の長い間、竹島の領有をめぐって争ってきました。ただし、両国は領土問題をかかえながらも、いたずらに激化させずに、二国間関係を深化させてきました。領土を争うよりも、両国の関係を深化させるほうがより大きな国益につながるという冷静な判断が、日韓双方にあったからです。

にもかかわらず、竹島問題は折にふれて噴出し、それまで順調だった日韓関係に暗い影を落とします。それは、偶然ではありません。

領土問題がクローズアップされるときには必ず、日韓の人びとの心に潜む領土ナショナリズムを刺激するきっかけがあります。たとえば、2005年に領土問題が再燃したのは、この年の3月16日に島根県が「竹島領有100周年」を記念し、「竹島の日」*を制定したことに対する韓国世論の反発がきっかけです。

それでは、2012年夏に起きた日韓間の領土争いは何がきっかけだったのでしょうか？　それは、プロローグでふれたように、8月10日に強行された李明博韓国大統領の竹島訪問です。李大統領が竹島に上陸したというニュースを聞いたとき、わたしはとても驚きました。

竹島問題で長年、さやあてを演じてきた日韓政府ですが、相手を慮《おもんぱか》って切らずにしまっておいたカードがあります。日本は国際司法裁判所（ICJ）**への提訴、韓国は大統領の竹島上陸というカードです。このカードを切ったら最後、相手を必要以上に追い込み、以降の日韓関係の修復が難しくなると、多くの外交関係者は受けとめていました。ところが、李大統領はこのタブーのカードをあっさりと切ってしまったのです。

韓国政府関係者によれば、李大統領のこの強行上陸は、外交通商省はもちろん、大統領に外交を諮問する青瓦台（大統領府）内の特別チームのスタッフさえ、直前まで知らされていなかったといいます。これまで、首相や大臣など韓国政府の閣僚級が上陸したことはありました。しかし、最高指導者である大統領の上陸だけは日本への配慮から行ってこなか

*竹島の日本領土編入100周年を記念し、2005年に島根県議会が条例によって2月22日を「竹島の日」と定めた。2月22日は、1905年に島根県知事が同島の所属所管を告示した日。

**国家間の法的紛争を裁判する国連の常設機関。オランダのハーグに本部を置く。

ったのです。李大統領は外交担当者に相談することもなく、それを独断で覆してしまいました。

その結果、２０１２年の夏から秋にかけ、政治・経済・社会・文化面における日韓間のさまざまな連携や交流がストップしてしまいます。国政を預かる最高責任者として、李大統領の行動はあまりに浅慮だったと批判するほかありません。

レイムダック化と逮捕

それではなぜ、李明博大統領は歴代の大統領がタブーとして実行に移してこなかった竹島上陸を強行したのでしょう？　彼の上陸パフォーマンスは、「国益」の観点からではなく、自らの「私益」から行われたものと、わたしは理解しています。

韓国の大統領の任期は１期５年間です。過度な権力の集中を防ぐため、２期目はありません。２００８年２月に大統領に就任した李大統領の任期は２０１３年１月いっぱいでしたが、実質的な任期は大統領選の結果が出る２０１２年12月中旬まで。その後の数十日間の任期は、朴槿恵《パククネ》新大統領との引き継ぎ期間にすぎません。

つまり、竹島上陸時、李大統領の実質的任期は４カ月ほどしか残っていなかったということです。しかもこのとき、李大統領はレイムダック化*という言葉では足りないほど、その政治的基盤を弱めていました。

　レイムダック化の背景にあるのは、親族や側近の相次ぐ不正、逮捕、そして李大統領自身への疑惑です。大統領の最側近と目されてきた崔時仲《チェシジュン》前放送通信委員長、朴永俊《パクヨンジュン》前知識経済部次官に続き、2012年7月には実兄の李相得《イサンドゥク》前セヌリ党**議員までもが、政治資金規正法違反や斡旋収賄罪の容疑で検察に逮捕され、調べを受けています。

　とくに、実兄の李議員は陰の大統領とも呼ばれるほどの実力者で、李大統領がもっとも頼りとしてきた後ろ盾の一人です。その実兄が摘発されたのですから、大統領のダメージは甚大でした。

　李相得議員の逮捕で注目されるのが、ソロモン貯蓄銀行***、コーロングループ****などの企業経営者から7億5750万ウォン（約5300万円）の不正資金を受け取ったとされる時期です。それは李大統領が自らの大統領選を目前に控えた2007年10月とされており、その不正資金の一部が実兄を通じて選挙資金に流用されたという疑惑が浮上しました。じつは、崔時仲前放送通信委員長も自らの金品授受疑惑について、それが2007年の大統領選の資金になったと受け取れる弁明を検察やマスコミにしています。

　この疑惑が本当なら、李大統領自身も政治資金規正法に触れることになります。こうし

*「足が不自由なアヒル」という意味で、役に立たない政治家を指す。

**韓国の保守政党（旧ハンナラ党）。李明博政権、朴槿恵政権の与党。

***韓国最大の貯蓄銀行。貯蓄銀行とは個人向け金融が中心の金融機関で、日本の信用金庫、信用組合に相当する。

****韓国の財閥のひとつ。1954年創業。繊維、建設などグループ会社は約30社に及ぶ。

た事態に、韓国政界では大統領の身内のセヌリ党からも「次期政権で、李大統領が検察の捜査を受ける可能性がある」（李サンドン前非常対策委員長）という発言が飛び出たほどです。

さらに、私邸の購入をめぐる疑惑も取り沙汰されています。李大統領は退任後の住居を建築するため、ソウル市内谷洞《ネゴクトン》の土地を11億2000万ウォン（約7800万円）で購入しました。しかし、その土地の名義は大統領本人ではなく、息子だったことがわかったのです。息子はこの購入資金を大統領夫妻の現在の私邸の土地を担保に金融機関や親族から借りており、贈与税回避や不動産実名制法*違反にあたる疑いがもたれています。

しかも、内谷洞一帯はソウル市最後の緑地区域で、建物の建築はできません。そこに大統領の権限を使って用途変更の申請をしたばかりか、親族や側近たちが土地をひそかに買い占めていたことも発覚しました。用途変更が認められると、緑の豊かなエリアだけに、内谷洞一帯の地価高騰は確実です。検察はこの私邸用地買収についても関係者から事情聴取をするなど捜査を続け、大統領への疑惑はますます深まっていました。

韓国の歴代大統領の多くはレイムダック化が頂点に達する退任前後に、親族や自身の不祥事が発覚し、捜査や訴追を受けてきました。縁故主義の強い韓国ならではの現象です。

その事情は李大統領も同じです。2013年早々に退任し、一般市民に戻る大統領にし

*不動産を他人名義で登記し、売買益を脱税するなどの脱法行為を防止するため、所有者の実名で登記することを義務づけた法令。1995年7月1日施行。

てみれば、数々の疑惑が捜査中なだけに、自分も他の歴代大統領と同じように逮捕、訴追されるのではと、戦々恐々の日々を送っていたことでしょう。

李大統領が唐突とも思える竹島上陸を強行したのは、この窮地を脱するためにポピュリズム政治に走り、支持率の回復を狙おうとしたからだと考えるのが妥当です。支持率が回復してレイムダック化を防ぐことができれば、大統領の影響力を誇示して検察の捜査を牽制できます。

2008年竹島問題再燃の背景

李明博大統領は過去にも一度、竹島問題を利用して政権の支持率アップに成功したことがあります。

大統領に就任して3カ月後の2008年5月にも、日韓間で竹島問題が勃発しました（日本は福田康夫政権）。日本の文部科学省が中学社会科の新学習指導要領解説書に、竹島を「わが国固有の領土」と明記するという方針を明らかにしたことがきっかけです。これに韓国が強く反発し、竹島問題が再燃したのです。

このとき、李大統領は柳明桓《ユミョンハン》外相に厳正対処を厳命し、これを受けて柳外相は重家俊《しげいえとし》範《のり》駐韓大使を呼び出して日本に抗議するとともに、２カ月後の７月には権哲賢《クォンチョルヒョン》駐日大使を本国に一時帰国させています。当時の雰囲気はかなり険悪で、日韓首脳が相互に往来して会談を行うシャトル外交の中止もささやかれるほどでした。

ここで注目すべきは、当時の李大統領の支持率です。就任当初、70％以上の支持率を誇っていましたが、わずか３カ月ほどで20％前後に急落しました。原因はアメリカ産牛肉の輸入再開に大統領がゴーサインを出したことです。これにＢＳＥ感染を心配する国民が猛反発し、韓国各地で連日、数万人の市民がろうそくを手にデモを行い、大統領に退任を迫る騒ぎとなりました。李大統領はスタート早々に、50ポイントも支持率を落とすという重大な危機を迎えていたのです。

そんな李大統領にとって、竹島問題は苦境を乗り切る絶好の材料となりました。日本に強硬な対応を取れば取るほど領土ナショナリズムが刺激され、国民の関心はＢＳＥ問題から、いやでも竹島問題へと注がれます。同時に、怒りの対象も李政権から日本政府へと向けられることになったのです。おかげで８月下旬になると、李政権の人気は持ち直し、一時は15％にまで下落していた支持率は30％前後に急回復しました。

２０１２年夏に大きな危機を迎えていた李大統領が、政権を浮揚させる妙薬はないものかと思い悩んだとき、４年前の成功の記憶が脳裏をよぎったことはまちがいないでしょう。李大統領は再びポピュリズム政治に手を染めてしまったように思えます。

慰安婦問題も大きく影響

ただし、今回の竹島問題再燃の原因がすべて李明博大統領にあるとは言い切れません。日本政府の対応にも遠因がありました。それは慰安婦問題をめぐってです。

２０１１年８月末、韓国の憲法裁判所は「慰安婦の請求権など人権保護の問題を解決しようとしない政府の不作為は憲法違反である」との判断を下し、李政権にさらなる外交努力を求めました。このため、韓国政府は同年９月と11月の２回、日本政府に慰安婦問題解決のための二国間協議を公式に提案します。しかし、野田佳彦政権はこの呼びかけに応じませんでした。

とはいえ、韓国側はそれでおしまいにすることはできません。政府にとって、憲法裁判所の判断は重いものだからです。

李大統領が次に取った行動は、２０１１年12月に京都で開かれた日韓首脳会談の席上で、野田首相に直談判することでした。このとき、大統領は会談の冒頭からいきなり慰安婦問題を持ち出し、首相に善処を求めています。ところが、これにも首相は「その件なら法的に完全かつ最終的に解決ずみ」と一蹴し、相手にしませんでした。

就任以来、韓日関係の重要さを強調し、「両国の信頼と友情はかつてないほど良好」と大見得を切ってきた李大統領にとって、これは大きな痛手でした。肝心なときに日本に何の影響力も行使できない大統領であることが明るみに出てしまったからです。

その後も2012年3月の「3・1節*」の記念演説で日本に慰安婦問題の人道的解決を呼びかけたり、7月17日の憲法記念日には申珏秀《シンガクス》駐日大使をひそかに青瓦台に呼び、自らの考える解決案を水面下で日本側に示し、その反応を探るよう命じるなど、李大統領の模索は続きました。それでも、野田政権の態度は変わりません。大統領の竹島訪問が急浮上したのは、その直後です。

この時期、李大統領側近は韓国メディアの取材に対して、7月下旬に示した慰安婦問題の人道的解決案に日本政府から何の返答もなかったことを明かしながら、こう語っています。

「李大統領はこれ以上待ってはいられないと焦《じ》れている。（日本側に）強硬に対応する決心をしたようだ」

そのことは翌8月に入って、李大統領本人の口からも確認されています。竹島上陸から戻った直後、大統領は国会議長団と懇談し、その席上で次のように発言したのです。

*1919年3月1日、日本統治下の朝鮮で起きた独立運動を記念する日。このとき朝鮮全土で参加したデモ人員は200万人を超えるとされる。

「慰安婦問題で日本が消極的態度ばかり見せるので、何か行動で示す必要があった」「何か行動で示す」が竹島上陸を指していたことは、言うまでもありません。

とはいえ、李大統領の胸中で、慰安婦問題の解決を日本に促すことと竹島への電撃訪問がどうして結びついたのか、疑問に感じている読者も多いはずです。じつは、そこには伏線のような事件がありました。

2012年6月、ソウルの日本大使館前に建立された日本軍慰安婦少女像の足に、「竹島は日本の領土」と書き込まれた白い杭がくくりつけられるという事件が起きます。実行者は日本の右翼団体に属する人物です。その模様はユーチューブに動画としてアップされており、いまでもネット上で見ることができます。

この事件は日本ではたいしたニュースになりませんでしたが、韓国内では衝撃的な事件として連日、大きく報道されました。日本では、竹島問題と慰安婦問題は一見、別々の事象のように思われています。一方、韓国ではこの二つはもともと日本の植民地支配によって生じたという理解が一般的です。そこに白杭事件が大きく報じられたため、人びとの記憶のなかで、竹島問題と慰安婦問題がより鮮烈にリンクされることになりました。

こうした状況が、日本政府に慰安婦問題への善処を促す具体的手段として、李大統領を竹島上陸へと駆り立てたと考えられます。事実、韓国内では白杭事件への抗議として、大統領の竹島訪問を擁護する声は小さくありません。

親書をめぐるさや当て

いくら日本に慰安婦問題の解決を促す目的があったとしても、李明博大統領の竹島上陸は決して容認されるものではありません。それにより、日韓関係は大きく損なわれました。たとえば、こんなワンシーン――。

李大統領の竹島訪問を受け、野田首相はこれに抗議する親書を韓国に送りつけています。ところが、大統領はこの親書の受け取りを拒みました。すると、今度は日本側が、親書を返そうと外務省を訪れた韓国の外交官を門前で足止めにし、受け取りを拒否したのです。

一国の首脳が他国の首脳に宛てた親書が宙に浮く――。前代未聞の出来事でしょう。

２０００年代は、サッカー・ワールドカップの共催や日韓文化交流などで、日韓の友好と協力が進んだ時期です。そうした成果をぶち壊しにしかねない日韓政府同士のさや当てを目の当たりにし、本来ならば両国民はそれぞれ自国政府の行動を諫めなくていけません。ところが、そうした政治の貧困を叱るのではなく、むしろその行動を支持する論調が目につきました。

マスメディアも同罪です。李大統領が野田首相の親書の受け取りを拒否したとき、日本のマスメディアは「非礼だ！」と断罪しました。すると、韓国のマスメディアはその報道を受け、「それを言うなら、親書が李大統領の手元に届く前に内容を公表した野田首相の行動こそ、外交的非礼ではないか！」と反論する始末です。

売り言葉に買い言葉。どっちもどっちで、まるで子どものケンカのように幼稚です。マスメディア自身が冷静さを失い、人びとを煽り、対立をますますエスカレートさせているとしか思えません。

その直後に日本国内では、韓国への「毅然たる対応」として、韓国国債の購入見送りや日韓通貨スワップ*の交換枠の縮小なども検討されました。

日韓両国は2011年10月、「日韓通貨スワップ協定」の限度額を、総額130億ドルから700億ドルへと引き上げました。急激な為替相場の変動や経済危機などが起きても、互いの通貨を融通するスワップ協定があれば、日韓の経済関係は安定します。700億ドルもの通貨スワップ枠は、対外債務の大きさに比べて外貨準備高が十分とは言えない韓国にしてみればありがたい存在ですし、毎年韓国から300億ドル前後もの貿易黒字を稼ぎ出している日本にとっても、安定的な貿易と決済を保証するうえで有用です。にもか

*日本銀行および財務省と韓国銀行が円と韓国ウォンを互いに融通する協定。2005年締結。

かわらず、その協定の見直しが検討される事態となったのです。

このように、いったん「国民」のカテゴリーに囚われてしまうと、わたしたちは「個人」や「市民」のまなざしを失い、国境や民族を超えて共働できなくなります。それが日韓双方にとってマイナスになるとわかっていても、お互いに引き下がれなくなるのです。領土ナショナリズムの怖いところです。

「河野談話」見直しの動き

李明博大統領が竹島を訪問したことによって、かえって慰安婦問題の解決も遠のきかねない事態になってしまったことも、見逃せません。

その端的な表れが「河野談話」見直しの機運です。李大統領への反発が強まるなかで、1993年8月に宮沢喜一内閣が出した慰安婦問題に関する河野洋平官房長官の談話――いわゆる「河野談話」――の見直しを安倍晋三自民党総裁らが強く主張する事態になりました。

慰安婦問題が日本のみならず、国際社会で注目されるようになったのは、1991年12月に、金学順《キムハクスン》ハルモニ*ら元慰安婦の韓国人女性3人が日本政府に対して謝罪と個人補償を

*おばあさん。

求める訴訟を起こしたことがきっかけです。これによって、慰安婦問題は戦争中の軍隊による性暴力であるという事実が強く認識されていきます。

それまでも慰安婦の存在は知られていましたが、この問題が国民国家の犯した深刻な人権侵害であり、性差別だというジェンダー的な視点は長い間、社会に共有されてきませんでした。元慰安婦という過去を隠して生きてきた女性たちが勇気を振りしぼり、告発することによって初めて、慰安婦問題は広く人びとに知られることになったのです。同時にこの告発は、１９６５年の日韓条約が、朝鮮半島や台湾など旧植民地出身者への戦後補償に対していかに無関心であったかという事実を、改めてわたしたちに教えました。

日韓条約では個人の請求権が日韓政府間の合意で除外されたため、こうした個人補償は「完全かつ合法的に解決された」というのが日本政府の立場です。そのため、個人補償の道を閉ざされたことを不満に思う韓国の市民によって、軍人恩給や遺族年金、戦時郵便貯金切手**などの補償を求める個人訴訟が繰り返されました。しかし、慰安婦問題についてはそのような動きは起こりませんでした。ナショナリズムに内在する家父長的なまなざしや恥の意識が災いし、日韓両政府がこの問題の処理を交渉のテーブルに乗せることはもちろん、元慰安婦も過去の経歴を恥じて補償を要求することはなかったからです。

「河野談話」は１９９１年の元慰安婦の告発を受け、内閣官房内閣外政審議室が中心と

**太平洋戦争中、戦費調達のために発行された懸賞金付きの郵便貯金債券。貯金が弾丸の製造費になることから「弾丸切手」と呼ばれた。

なって、16人の元慰安婦へのヒアリング、当時の警察庁、防衛庁、外務省、文部省、厚生省、労働省への調査などを行い、作成されました。慰安婦の募集や慰安所の運営に日本政府の関与があったことを認めた「河野談話」の意義は、小さくありません。

慰安婦問題については現在でも、「募集時、軍や官憲によるいわゆる強制連行があったことを示す証拠はない」「自由意志による売春行為」という根強い主張があります。名乗り出た女性たちによるオーラルヒストリーしか証明するものがなく、根拠に乏しいというのです。こうした批判の声は、元慰安婦の女性たちを深く傷つけています。

そうしたなかにあって政府の関与を認め、新たな総理が明示的に否定しないかぎり歴代内閣へと引き継がれる「河野談話」は、慰安婦への謝罪と補償への根拠となるものです。この談話の存在こそが元慰安婦の女性たちの尊厳とプライドを支えていると同時に、慰安婦問題における日韓関係の決定的な決裂を防ぐ安全弁となってきたのです。

その「河野談話」の見直しが、安倍首相など有力な政治家によって企図されています。深刻というほかありません。

韓国政府が認定している元慰安婦は234人ですが、高齢化によって次々と亡くなり、生存者は60人程度にまで減りました。高齢のハルモニたちに残された時間は少なく、このままでは慰安婦問題が決着しないうちに関係者が全員亡くなるという事態にもなりかねません。ハルモニたちが存命中に、一刻も早く解決すべきなのです。ところが、李大統領は領土問題をリンクさせることで、かえってこの問題の早期解決を難しくさせてしまいました。

慰安婦問題を任期中に解決しようという李大統領の努力は認めるとしても、日本に対応を促すために竹島への上陸を強行するという判断は明らかな誤りで、批判されるべきです。

同じコインの裏表

ただし、李大統領だけが特殊なわけではありません。世間の耳目が集まる政策を採用し、大衆の人気を得ようとするポピュリズム政治家は、どこの国にもいます。領土問題をかかえていても、係争地を実効支配している側の国は自らアクションを起こさず、静かにしているものです。アクションを起こせば、相手国を不要に刺激して外交問題になるばかりでなく、国際世論もまた両国間に領土問題が存在すると認識することになるからです。

竹島も現在は韓国が警備隊を常駐させるなど、実効支配をしています。分別のある政治リーダーなら、日韓関係の悪化を憂い、わざわざ竹島へ上陸することはありません。それは実務担当者に任せ、粛々と実効支配だけを継続していればよいのです。

ところが、李明博大統領はあえて必要のない竹島訪問を強行しました。その表向きの目的は慰安婦問題の解決を日本に促すというものですが、本当の狙いは自分の支持率を上げることにありました。その結果、日韓の人びとを反目と対立へと追い込んでしまったのです。政治家としてあまりにも軽挙な振る舞いでした。

同じ批判は尖閣諸島問題で東京都による購入をぶち上げ、日中関係を極度に悪化させるきっかけをつくった石原慎太郎前東京都知事にも当てはまります。

日本も尖閣諸島を実効支配しています。日本の民法の下に島の売買が行われ、その所有権が確定しているかぎり、所有者が民間だろうと国だろうと、あまり大きな違いはありません。それを石原前都知事は「国がやらないなら東京都がやる」と、尖閣諸島の購入に乗り出してしまいました。当時わたしは複数の都職員に取材しましたが、どの職員も一様に困惑していました。取材ノートから、ひとりの都職員のコメントをそのまま紹介します。

「尖閣諸島を買い上げると知事は表明しているが、そのお金は都民の税金。公金を投入するからには、理にかなった名目が必要となる。ところが、いくら地方自治法を眺めても、都が1900キロも離れた日本最西端にある小島を買う合理的な理由が見つからない。購入にあたっては都議会の承認も得なくてはならない。尖閣買い上げは一地方自治体が手がけるべき仕事ではない。やるなら国だろう。石原知事には個人のポケットマネーで尖閣諸島を買うと言ってほしかった」

また、東京都内の自治体の首長経験者からは、こんなコメントをもらいました。

「地方自治のルールを大きく逸脱しています。自治体はそれぞれに権限をもって独立しています。ところが、石原さんは何の事前説明もなしに尖閣買い上げを宣言し、沖縄県や石垣市の権限を侵してしまいました。他の自治体のふところに手を突っ込むような行為はあってはならないこと。同じ地方自治体の首長を務めた身としては、ただただ唖然とするばかりです」

たしかに石原前都知事の行動は、住民自治、団体自治*の精神を大きく逸脱するものです。知事は強い権限をもちますが、それはあくまでも地域の住民が合意したことを実行に移すための権限で、大統領のように、何でも思ったことをできるわけではありません。冷静に考えれば、石原前都知事の行動はほかの自治体の権限ばかりか、国の外交をも侵しかねない横紙破りで、批判されても仕方のないものなのです。

しかし、石原前都知事の扇動はじつに巧みでした。批判どころか知事室には都民のみならず、他の道府県の住民からも激励の電話が殺到し、回線がパンクするほどでした。さらには寄付の申し出も数多く寄せられ、その総額は16億円にも達しました。

*地方自治体が自主権限によって自らの事務を処理すること。住民自治とともに地方自治の根幹を成す。

地方自治体の首長としては本来、不合理である石原前都知事の言動は問題視されることなく、逆に尖閣諸島付近で領海侵犯を繰り返す中国に物申す頼もしい存在、爽快な存在として歓迎と熱狂を受けたのです。その現象こそがポピュリズムであり、領土ナショナリズムであると、わたしは考えます。

結局、石原前都知事の暴走を恐れた野田政権は東京都に代わって、尖閣諸島の購入を表明することになりました。その後の経過は、だれもが知っているとおりです。中国全土で反日デモが起こり、日中関係は極度に悪化しました。とくに貿易の落ち込みは激しく、2012年10月期の日中貿易は1割以上も減少。日本の輸出を支える自動車産業にいたっては、トヨタ、日産、ホンダなど、いずれも30％以上の輸出減になったほどです。

立命館大学の村上弘教授（政治・行政学）は、ポピュリズムをこう規定しています。

「人びとに利益や根拠のない夢をばらまく『ばらまき型』（大衆迎合政治）は非合理主義が目立ち、反対派などを人びとの敵として攻撃するヒーローを演じる『攻撃型』（大衆扇動政治）は非合理主義に不寛容と権威主義が付け加わる」

竹島上陸を強行して日韓関係を損ねてしまった李大統領、尖閣諸島購入をぶち上げて日中関係を悪化させてしまった石原前都知事。ふたりはポピュリズム政治を駆使し、日中韓の人びとの心に潜む領土ナショナリズムに火をつけてしまったという点で、同じコインの裏表なのです。

領土問題を賢く解決するためにも、わたしたちはこうしたポピュリズム政治家にたやすく扇動されないようにしなければなりません。

2章 竹島論争の現状

サンフランシスコ講和条約で対立

日韓による竹島の共同管理というアイデアを考える前に、この島の帰属をめぐる論争について整理しておきます。

日本と韓国の間で竹島問題が浮上したのは、サンフランシスコ講和(平和)条約(1951年9月8日に締結)の交渉過程です。この条約で「日本国は、朝鮮の独立を承認して、済州《チェジュ》島、巨文《コムン》島及び鬱陵《ウルルン》島を含む朝鮮に対するすべての権利、権原及び請求権を放棄する」(第2条1項)ことと定められました。

この条文に、竹島の名前は見当たりません。日本が竹島の領有を宣言し、島根県に編入したのは１９０５（明治38）年のことでした。そのため、「サンフランシスコ講和条約によっても竹島の帰属に変化はなく、したがって竹島は１９０５年以来、一貫してわが国の領土であり、韓国による竹島の現状支配は不法占拠である」というのが、日本側の基本的な立場です。

これに対して韓国は、竹島は自国の領土であると反論してきました。竹島はもともと鬱陵島の属島として江原道《カンウォン》に所属する韓国固有の領土であり、それは１９００（明治33）年10月に大韓帝国が発令した「勅令41号」によっても確かであるというのです。勅令41号では鬱陵島を鬱《ウル》島と改名し、同時に鬱島郡守の管轄区域を「鬱島全島と竹島石島」（第２条）と定めています（55ページ参照）。韓国語では「石《トル》」を「ドク」とも発音することから、この「石島」が「トクット」、すなわち独島（竹島）であるという主張です。

こうした日韓両国の対立を前に、講和条約の原案づくりに当たった連合国は揺れました。

当初、アメリカが作成した講和条約の第１次草案（１９４７年３月）から第５次草案（１９４９年11月）まで、「竹島は韓国領であり、日本が放棄すべき島である」とされていました。

１９４６年１月29日に出された連合国軍最高司令官総司令部（ＧＨＱ）訓令（ＳＣＡＰＩＮ）６７７号は、「日本の範囲から除かれる地域」として「鬱陵島、竹島、済州島」を明示しています。また、その5カ月後に出された1033号ではいわゆるマッカーサー・ライン*が設けられ（見返し地図参照）、日本の船舶と乗員は竹島から12マイル（約19キロ）以内に近づいてはならないとされました。さらにこの二つの訓令により、1948年に韓国が独立してからは、竹島への統治権を連合国から韓国政府へと引き継ぐ措置も取られました。竹島を韓国領であるとする第5次草案までの内容は、こうした状況を受けたものだったのです。ところが、1949年12月29日に公表された第6次草案では一転、竹島は日本領とされます。この変更をもたらしたのは、GHQの政治顧問だったウィリアム・J・シーボルトでした。

1949年はソ連が原爆の保有を宣言し、中華人民共和国が樹立された年です。そのため東西陣営間の緊張が高まり、日本では自衛隊の前身である警察予備隊の創設が進められた年でもあります。翌年6月には朝鮮戦争も勃発します。こうした状況下でシーボルトは、アメリカ国務省にこう進言したのです。

「リアンクール島**（竹島）の再考を勧告する。これらの島への日本の主張は古く、正当なものと思われる。米国の安全保障上、この島に気象およびレーダー基地を必要とするかもしれない」

連合国軍最高司令官のマッカーサーはこのシーボルトの進言を受け入れ、第6次草案で

*GHQ訓令1033号「日本の漁業及び捕鯨業に認可された区域に関する覚書」によって画定された日本漁船の活動可能領域。マッカーサー最高司令官名によって発令されたため、「マッカーサー・ライン」と呼ばれた。

**52ページ参照。

は一転、竹島は日本の領土とされました。注目すべきはシーボルト進言の後半にある「米国の安全保障上、この島に気象およびレーダー基地を必要とするかもしれない」という部分です。つまり、この変更は東西冷戦が緊迫度を増すなかで、アメリカの極東戦略を有利に進めるべく、安全保障上の観点からなされた側面が強いのです。

その後、アメリカは1950年8月に出した第7次草案、翌51年3月に出した最終草案で、竹島の記述そのものをわざと脱落させるという形で、調整を進めていきます。

ちなみに、連合国の主要メンバーであるイギリスがつくった講和草案では、竹島は一貫して日本の領土から除外されるべき島とされていました。こうしたイギリスの対応ぶりに、アメリカは連合国側の戦略的利益にならないとして説得を試みます。その結果、1951年5～6月にかけてつくられた2次におよぶ米英共同草案からも、さらには同じ年の8月16日に公表された連合国最終案からも、竹島(独島)の記述は脱落することになり、事実上、日本の竹島領有が認められる形となったのです。

李承晩ラインの設定

この間、さまざまなパイプを通じて連合国側に働きかけをした日本に比べ、韓国は外交的に無為に過ごしました。朝鮮戦争の真っ最中であったことに加え、韓国はそもそもサンフランシスコ講和条約の署名メンバーではなく、連合国の草案から竹島の記述が消えたこと＝竹島が日本の領土と認められようとしていることを知らされていなかったからです。この無為は韓国にとって、一種の外交的敗北だったと言えます。

そこで、韓国はサンフランシスコ講和条約に自国の意見を反映させようと、1951年7月19日に当時の駐韓大使だったアレン・ダレスへ、11項目の要求を行いました。そのなかに、韓国を講和条約の調印国にすることと並んで、日本に竹島の領有権を放棄させるという要求があったことは、言うまでもありません。

これに対してアメリカは1951年8月、ディーン・ラスク国務省極東担当次官補を通じ、回答書（ラスク書簡）を韓国に返送しました。その文面は以下のようなものでした。

「独島、または竹島、リアンクール岩と呼ばれるものについて、わが国の情報によると、通常人が住まないこの岩礁は韓国の一部として扱われたことがなく、1905年以降、日本国の島根県隠岐支庁の管轄下にあった。この島に対して、韓国は領有の主張をしていない」

このラスク書簡がシーボルト進言を反映したものであることは明らかでした。そのため、アメリカから竹島の領有を否定された韓国は、次なる行動に出ます。それが李承晩ラインの設定です。時の韓国大統領・李《イ》承晩《スンマン》が１９５２年1月18日、北緯38度、東経１３２度50分までの韓国東端を自国の「排他的主権領域」であると宣言し、そのエリアの実効支配に乗り出したのです。この李ラインは、前述のＧＨＱ訓令１０３３号に基づくマッカーサーラインを踏襲したものでした。

竹島は李ラインの内側にあります。このため、日本はわずか1週間後の1月25日、李ラインの設定に抗議するとともに、竹島は日本領であるという口上書を韓国の駐日代表部に送って対抗しました。

し烈なつばぜり合いと5つの論争

その後も、竹島をめぐって日韓によるし烈なつばぜり合いが続きます。

まず、日本が１９５２年5月に、「島根県海面漁業調整規則」に竹島における「アシカ猟*」という項目を追加し、改めてこの島が島根県隠岐支庁の管轄下にあることを誇示してみせました。一方、韓国は自国の沿岸漁業の保護を理由に、もともと日本漁船の操業を制限するために設けられたマッカーサー・ライン＝李承晩ライン内で操業する日本船を次々と拿捕していきます。その動きのなかで、日本の漁船「第一大邦丸」の漁労長が韓国側か

*ニホンアシカの皮は牛皮、脂は鯨油の代用品として、珍重された。乱獲で絶滅したとされ、現在では行われていない。

らの射撃によって1953年2月に死亡するという、痛ましい事件も起きました。

また、1953年4月に韓国が義勇警備隊を送り込むと、その直後には島根県と海上保安庁が竹島内に「島根県隠岐郡五箇《ごか》村竹島」という標識を設置したり、同年10月には韓国の学術調査団と日本の海上保安庁要員が入れ違いに上陸するなど、互いに牽制するかのような動きもありました。

そして1954年6月、韓国政府はついに韓国沿岸警備隊を竹島に派遣、火器を持った警察力を常駐させ、本格的な実効支配へと乗り出したのです。これをうけて日本は同年10月、竹島の領有権問題を国際司法裁判所に付託することを韓国に迫りました。しかし、韓国はこれに応じることなく、以後、今日まで竹島は韓国の実効支配下にあります。

こうしてこの問題が日韓間の火種となると、竹島は日韓どちらの国のものなのか、過去にさかのぼって激しい論争が展開されることになりました。そのおもな争点を年代順に列挙すると、以上のようになります。

①中世における于山《ウサン》島をめぐる論争、②1696年の「竹島一件」（韓国では「鬱陵島争」）をめぐる論争、③1877年の太政官《だじょうかん》指令をめぐる論争、④1900年の大韓帝国勅令41号をめぐる論争、⑤1905年の竹島の島根県編入をめぐる論争です。

于山島をめぐる論争

まず①の于山島に関する論争を紹介しましょう。韓国の古文献である『世宗実録《せそうじつろく》』（1455年）に「于山と武陵二島が県の正東の海中にある」という記述があります。このほか、『新増東國輿地勝覧《しんぞうとうごくよちしょうらん》』（1530年）、『東國文献備考』（1770年）、『萬機要覧《ばんきようらん》』（1808年）といった多くの古文献にも于山島という名前が出てきます。この于山島こそ竹島（独島）であるというのが韓国の主張です。

于山という名称は古くは『三国史記』（1145年）にもあり、そこで「512年、于山国は新羅に属した」と記されています。また、『東國文献備考』の『輿地考』には「輿地誌（1656年編纂）に云う、鬱陵、于山、皆于山の地。于山はすなわち倭のいわゆる松島（現在の竹島＝独島）なり」という一文があります。これらを根拠に韓国側は、竹島は6世紀初頭から自国の領土だったと主張してきました。

しかし、この『輿地誌』は現存せず、前述の一文が本当にあったのかどうか、いまとなっては確認のしようがありません。したがって、于山島が現在の竹島を指しているのか、はっきりと証明できないという弱点があります。日本側もその点を指摘しています。

また、『新増東國輿地勝覧』に所収されている『八道総図』にある于山島は本来の位置である鬱陵島の西側ではなく、東側に描かれています。そのため、于山島は実在しない架空の島である、あるいは于山島とは鬱陵島の別称で、これらの古文献は于山島と鬱陵島の区別ができないまま、一つの島を二つの島として誤記入したにすぎないという反論もされてきました。

「竹島一件」をめぐる論争

17世紀初頭、鳥取藩米子《よなご》の有力商家である大谷家と村川家は、江戸幕府より鬱陵島（当時は竹島と呼ばれていた）への渡海免許を受け、アシカやアワビを採取する事業を1年ごとの輪番で行っていました。このとき、両家は隠岐島から鬱陵島への海道筋にある竹島（当時は松島と呼ばれていた）を船がかり*（船溜まり）として利用したとされています。

この事実から、江戸幕府は松島つまり現在の竹島の存在を知っており、「遅くとも17世紀なかばごろには日本が領有権を確立した」と日本の外務省は主張します。ちなみに鬱陵島は当時、韓国の領土として扱われていましたが、李氏朝鮮王朝は1417年以来、倭寇《わこう》**対策として「空島政策（島内での住民の居住を禁じること）」をとり、無人島となっていま

*船が碇を下ろすこと。竹島は鬱陵島への航海の途中、停泊地として利用された。

**13世紀から16世紀、朝鮮半島や中国大陸沿岸に出没した海賊、密貿易船。

した。だから、大谷家と村川家による渡海・採取事業が可能だったわけです。

ところが、1692年に事件が起きます。村川家の船が鬱陵島に到着すると、多くの朝鮮人が島で漁採事業を行っていたのです。そこで、村川家は朝鮮の漁民に鬱陵島に近づかないよう警告し、漁採権が荒らされた証拠として、彼らが現地で作った干しアワビや味噌麹などを持ち帰りました。

さらに翌1693年、大谷家が鬱陵島に渡ると、再び多くの朝鮮人を発見します。危機感を抱いた大谷家は2人の朝鮮人を捕え、証人として日本に連れ帰って、鳥取藩に訴えました。2人の吟味をした鳥取藩はこの事実を幕府に報告。幕府は対朝鮮国交渉の窓口だった対馬《つしま》藩（現在の長崎県対馬）を通じて、朝鮮王朝に同国漁民が鬱陵島へ渡らないようにと要求しました。しかし、対馬藩と朝鮮王朝は互いに鬱陵島は自国領であると主張して譲らず、3年間の交渉の末に決裂することになります。

立ち往生した対馬藩は打開策を見出そうと、幕府へ意見を求めました。そこで、幕府はもともとの当事者だった鳥取藩に質問書を送り、こう質します。

「鬱陵島はいつから鳥取藩の所領となったのか、鬱陵島の他に所属する島はあるか？」

この質問に対して鳥取藩は1695年12月、こう答えました。

「竹島（鬱陵島）は鳥取藩に属さない。竹島、松島（現在の竹島）、そのほか両国（因幡《いなば》、伯《ほう》者《き》)に属する島はない」

このとき、幕府は鬱陵島の存在を知っていたものの、松島と呼ばれていた現在の竹島の存在は把握していませんでした。そのため、幕府は翌1696年1月、再度、松島について鳥取藩に質問します。この回答でも鳥取藩は「松島(竹島)は鳥取藩のものではなく、竹島(鬱陵島)渡海筋に位置する島である」と答えました。

これによって、徳川幕府は鬱陵島を朝鮮国領と認めると同時に、今後、同島への渡航を禁止する決定を下し、鳥取、対馬両藩に伝えます。これが「竹島一件」と呼ばれる論争のあらましです。

この史実を根拠に、韓国はこう主張してきました。

「日本は江戸時代から鬱陵島、独島(竹島)を朝鮮の領土と認定していた」

たしかに、長久保赤水《せきすい》が作成した『改正日本輿地路程全圖』(1779年初版)には松島(竹島)と竹島(鬱陵島)の記載はあるものの、彩色が施されておらず、外国扱いとなっています。また、林子平による『三國通覧圖説』所収の『三國接壤圖』(1785年)では、鬱陵島は朝鮮領とされ、現在の竹島は描かれていません。江戸時代唯一の官撰地図『官板實測日本地圖』になると、鬱陵島、竹島は記載されず、存在そのものが無視された格好となっています。江戸時代に竹島は鬱陵島とともに日本領として認識されていなかったという韓国側の主張は、一定の根拠を感じさせるといえるでしょう。

これに対して日本側からは、渡航禁止は鬱陵島を対象としたものにすぎず、竹島には適用されていなかったという反論が提示されています。つまり、「当時からわが国が竹島を自国の領土と考えていたことは明らか」(外務省『竹島問題を理解するための10のポイント』2008年)というのです。

天保年間の1836年、石見《いわみ》国浜田藩(現在の島根県)の廻船問屋・会津屋八右衛門という人物が禁を破って鬱陵島に渡り、密貿易をしていたことが発覚し、大阪西町奉行によって死罪を命じられる事件が起きました。このとき、会津屋は鬱陵島行きが露見しないよう、竹島に渡航するという名目で浜田から出港していました。会津屋をはじめ、多くの人びとが竹島を外国領とみなしておらず、竹島を口実に出港するかぎり、密貿易を問われることはないと考えていたのです。

こうした史実もまた、竹島に関する知見は江戸時代、日本に広まっており、竹島は渡航禁止の対象になっておらず、日本の領土として認識されていた証拠として指摘されています。

ただし、これにも再反論があります。幕府は翌1837年に、異国渡航禁止令を出して鬱陵島への渡航を禁じるとともに、改めて「遠き沖乗り致さざる様」と釘をさしています。

竹島へは「遠き沖乗り」、すなわち外洋航海でしか行けません。そのため、竹島もまた鬱陵島とともに渡海禁止になっていたと考えるのが合理的で、幕府が竹島を日本の領土と認識していたという主張は無理があると疑問を投げかけるのです。こうした再反論は韓国内だけでなく、竹島問題研究で著名な故・内藤正中《せいちゅう》島根大学名誉教授ら、日本の研究者からも示されています。

安龍福の評価

「竹島一件」をめぐる論議をさらにわかりにくくし、したがって論争の的となっているのが、安龍福《アンヨンボク》という人物をめぐる評価です。

前述したように大谷家は1693年、鬱陵島（竹島）で2人の朝鮮人を捕えて日本に連れ帰ります。その1人が安龍福でした。彼はこの年の4月から11月まで鳥取藩の取り調べを受けた後、対馬藩に移され、釜山へ送還されます。ところが、3年後の1696年5月、今度は自らの意思で、鬱陵島と竹島を経て再び鳥取藩にやって来ました。

安の来日目的は、3年前の拘束と取り調べに対して抗議するとともに、幕府と鳥取藩に鬱陵島と竹島を朝鮮の領土と認めさせることにありました。当時記された資料（隠岐・村上家文書）にも、「朝鮮之八道」として江原道に「此道中竹島松島有之」（江原道内に竹島、松島あり）という記述があるので、安が訴えを実際に行い、それが鳥取藩の役人によって記載されたことがうかがえます。この安の行動によって、日韓の領土紛争は鬱陵島だけでなく、竹島にも拡大しました。

問題となっているのは、2度目の渡日から帰国後に安が行った供述の内容です。彼は鬱陵島の空島政策を無視し、不法に渡日したとして逮捕され、朝鮮備辺司《ビビョンサ》*から厳しい取り調べを受けました。そのなかで、「松島（現在の竹島）は于山島であり、朝鮮国領だと日本側が認めた」と供述したのです。

この証言は『粛宗実録』（1728年）などに収められ、竹島が韓国領土であるとする有力な根拠のひとつと、韓国では考えられるようになりました。

ただし、これについても日本の研究者から反論が寄せられています。安は備辺司に「鳥取藩主に直談判し、鬱陵島と竹島が朝鮮領になったと言われた」と証言しています。しかし、鳥取藩主は当時、参勤交代で江戸に逗留しており、本当に安と面会できたのか疑問とされているからです。また、「鳥取藩から鬱陵島を永く朝鮮に属すとする書契**をもらった」とも証言していますが、そのような文書は確認されていません。

*当時の朝鮮の軍事行政部署のひとつ。

**証拠に用いる書きつけ。

このため、安は渡日の罪を減じてもらおうとして、朝鮮国の役人の喜びそうな供述をしたにすぎず、その証言は信憑性が低い、この時期に日本が竹島を朝鮮の領土であると認めたという韓国側の主張もまた信憑性に欠ける、と批判されているのです。

太政官指令をめぐる論争

1871（明治4）年の廃藩置県とともに、明治政府は地租改正などのために各県に対し、不明な土地の地籍を確認する作業に取りかかりました。その一環として1876（明治9）年、島根県に当時竹島と呼ばれていた鬱陵島について照会しました。

この照会に対して島根県は「日本海内竹島外一島地籍編纂方伺」を提出し、「山陰一帯ノ西部ニ貫付スベキ哉ニ相見候」（山陰地方の西部に所属すると考えられる）と回答し、国に判断を仰ぎます。内務省は江戸時代からの文書を参考に、一度は日本に属する島ではないと判断したものの、領土に関する問題なので慎重を期し、太政官に最終判断を求めることにしました。その結果、岩倉具視《ともみ》、大隈重信、寺島宗則といった参議たちが太政官指令として下した結論は、次のようなものでした。

「竹島外一島之義本邦関係無之義ト可相心得事」

つまり、「竹島外一島」は日本の領土とは関係がない、すなわち朝鮮国の領土であると裁定したのです。1877（明治10）年3月のことでした。

島根県が明治政府に提出した伺書には「磯竹島図」と呼ばれる地図が添付されており、そこには現在の鬱陵島と竹島が書かれています。また、「由来の概略」という添付文書にも、「隠岐国ノ乾位（北西）百二拾里許《バカリ》ニ在リ」という磯竹島（鬱陵島）に関する説明に続いて、「次ニ一島在リ松島ト呼ブ」と、竹島のことが書かれています。これらの資料を眺めるかぎり、「竹島外一島」とは、現在の鬱陵島と竹島の2島を指しているように思えます。

太政官は明治政府の内閣に相当する最高機関です。その太政官の判断はとてつもなく重いと言えます。この太政官指令を根拠に、韓国側は「竹島は朝鮮国のものと日本自身も認めているではないか」と主張しているのです。

これに対して日本側は、「竹島外一島」の解釈がまちがっていると反論しています。その反論を紹介する前に、まず鬱陵島と竹島の名称をめぐる混乱について説明しておきましょう。

44ページで説明したように、日本ではもともと、鬱陵島を竹島（または磯竹島）、竹島を松島と呼んでいました。ところが、江戸時代末期から明治期にかけて、その名前が入れ替わるなどの混乱が起きます。また、竹島は1849年にフランスの捕鯨船リアンクール号に発見されて、西洋の海図などにリアンクール岩礁と記載されるようになってからは、リアンクールという音をもじって「リヤンコ島」「ヤンコ島」などと呼ばれることもありました。

なぜ、二島の名称にこのような混乱が生じたのでしょうか。

１７８７年にフランス人のラ・ベルーズが航海中に鬱陵島を発見し、ダジュレー島と命名しました。２年後の１７８９年に今度はイギリス人のコルネットがやはり鬱陵島を見つけ、アルゴノート島と命名します。

ところが、当時の測量技術は未熟で、ラ・ベルーズとコルネットが報告した鬱陵島の緯度と経度は大きく違っていました。そのため、西洋の海図では本来は鬱陵島一島しかないのに、西からアルゴノート島、ダジュレー島と二島が記載されることになったのです。

その後、長崎のオランダ商館付きの医師だったシーボルトが日本文化を紹介する大著『日本』を書き、その附図として『日本図』（１８４０年）を作成します。長く日本に在住していたシーボルトは、朝鮮半島東岸から隠岐島にかけて、竹島（鬱陵島）、松島（竹島）の順番で島があることを知っていました。そのため、西洋の海図にあるアルゴノート島とダジュレー島にこの順番を当てはめ、それぞれ「竹島」「松島」と添え書きをしてしまったのです。

さらに、1849年にリアンクール号が現在の竹島を発見すると、西洋の海図には一時、朝鮮半島側から順番に、アルゴノート島＝竹島（実在しない架空の島）、ダジュレー島＝松島（鬱陵島）、リアンクール島＝竹島と、3つの島が記載された時期もありました。

その後、アルゴノート島の緯度と経度には実際には島がないことが確認され、海図からアルゴノート島は姿を消します。本当なら、ここで、ダジュレー島（鬱陵島）の添え書きである「松島」は、もともと日本で呼ばれていた「竹島」に戻されなければいけません。ところが、そうした修正は行われず、そのまま放置された結果、竹島と松島の名前が入れ替わってしまったのです。

このような混乱を受け、1905（明治38）年に島根県が竹島を編入する際、その命名を問われた隠岐島司の東文輔は、以下のように具申し、採用されました。

「鬱陵島は江戸時代より竹島と呼ばれてきたが、海図では松島と誤記され、それが一般化してしまった。ついては、新島（新しく日本国に編入される島）には鬱陵島に使われてきた竹島という通称を冠せるべき」

この東の具申を島根県は採用し、以後、「松島」と呼ばれてきた島は竹島と広く呼ばれるようになったのです。

さて、「竹島外一島」の解釈についてです。

韓国側は、竹島は鬱陵島、外一島は竹島を指すと主張します。日本人研究者のなかにも、同様の解釈をする人びとは少なくありません。

ところが近年、日本で多様な竹島研究が行われ、まったく異なった解釈が提起されるようになりました。それは「竹島外一島」とは命名の混乱から竹島や松島という名前で呼ばれてきた島のことであり、鬱陵島1島を指したものだという主張です。つまり、太政官が「日本の領土ではない」と判断した「竹島外一島」に、いまの竹島は含まれていなかったというのです。その根拠として、次の３つがあげられています。

①太政官が内務省から判断材料として渡された４つの参考資料には鬱陵島に関する記述しかなく、竹島には触れていない。

②明治時代初期には政府内で「日本称松島一名竹島、朝鮮称鬱陵島」（日本で呼ぶところの松島、別名竹島。朝鮮では鬱陵島）と認識されており、「竹島外一島」の外一島が松島だとしても、それは鬱陵島である。

③「磯竹島図」は島根県が政府に提出したものであり、太政官指令の附図ではない。

大韓帝国勅令41号をめぐる論争

37ページで紹介したように、大韓帝国は1900年10月に勅令41号を布告し、鬱陵島を鬱島と改名し、鬱島郡守の管轄区域を「鬱陵全島と竹島石島」としました。この竹島は鬱陵島の北東2キロほどにある竹嶼という小島であり、石島こそが竹島(独島)であるというのが、韓国側の主張です。

この直後に日本国内で刊行された『韓海通漁指針』(葛生修亮著、1903年)、『最新韓國實業指針』(岩永重華著、1904年)なども竹島を「ヤンコ島」と呼び、韓国江原道鬱陵島の属島であるとしていました。勅令41号にある石島が本当に竹島(独島)ならば、韓国は1905年に領有した日本より5年先に自国領と認識し、行政的な措置を施していたことになります。

ただし、この主張にも日本側から反論が出ています。勅令41号発布のために韓国議政府*に提出された「請議書」に記述されている鬱陵郡の行政区域は、「縦80里**(約32キロ)、横50里(20キロ)」です。しかし、鬱陵島から竹島までは東南方向に90キロもあり、この記述と矛盾します。そのため、勅令41号にある「竹島石島」の竹島は竹嶼にちがいないが、石

*大韓帝国の内閣。
**当時、韓国の里法では1里は0・4キロとされていた。

島については現在の竹島ではなく、竹嶼同様、鬱陵島付近にある観音島と呼ばれる小島であると反論しています。

竹島の島根県編入をめぐる論争

１９０５年1月28日、日本政府は竹島の島根県への編入を閣議決定し、正式に日本の国土としました。その根拠としてあげているのが「無主先占」の原則です。いずれの国にも属していない無主の地に対して他の国に先んじて支配を及ぼすことによって、自国の領土とすることができるという国際法上のルールで、「先占の法理」とも呼ばれます。

島根県在住の漁民・中井養三郎《ようざぶろう》は１９０３(明治36)年、竹島でアシカの捕獲を始めました。ところが、その評判を聞きつけ、多くの漁民がアシカ猟を行おうとしたため、乱獲状態となります。そこで中井はアシカ猟を独占すべく、１９０４(明治37)年9月、政府に竹島の貸し出しを願い出ました。

その結果、日本政府は自国民が「該島(竹島のこと)に移住し、漁業に従事して」おり、かつ「他国において之を占領したりと認むへき形跡」がないことなどから「国際法上占領の事実にあるもの」とし、「無主先占」の原則に基づいて竹島の日本領土化に踏み切ったのです。この日本の行動について、韓国側は「無主先占」でなく、「強占」にすぎないと反論しています。

じつは当時、中井は竹島を韓国の領土とみなし、日本政府を通じて竹島の貸し下げを認めてもらおうと考えていました。中井は隠岐島出身の農商務省水産局員・藤田勘太郎を頼り、牧朴真《まきなおまさ》水産局長、続いて海軍の肝付兼行《きもつきかねゆき》水路部長との面会にこぎつけます。

牧水産局長は「竹島は韓国領ではないか」という見解でしたが、肝付水路部長は異なりました。「竹島が韓国領という確たる証拠はない。現実に日本の漁民が現地で操業しているのならば、我が国に編入すべし」と、中井に語ったのです。

このやりとりのなかで中井は、竹島は無主の島と考えるようになり、当時の大韓帝国政府ではなく、日本政府の内務・外務・農商務3省の大臣に「竹島の貸し下げ願い」を提出します。しかし、内務省はこの貸し下げ願いに難色を示し、却下しました。中井が著した『事業経営概要』(1910年)には、その理由がこう記されています。

「内務省当局者はこの時局に際し、韓国領地の疑いある莫荒たる一個不毛の岩礁を収めて、環視の諸外国に我が国が韓国併合の野心あることの疑いを大ならしめるとは、利益の極めて小なるに反して、事態決して容易ならずとて、いかに陳弁せしも願い出はまさに却下せられんとしたり」

内務省は、竹島を日本の領土に組み入れると、諸外国に韓国併合の野心があると疑われかねず、かえって国益にならないと危ぶんだのです。

ところが、ここに中井の応援団が現れます。当時、外務省の政務局長だった山座円次郎《やまざえんじろう》です。山座は内務省の考えに異を唱え、竹島のもつ軍事戦略上の重要性を強調しました。そして、領土編入を急げとこう主張したのです。

「時局なればこそ領土編入は急を要するなり、望楼*を建築し、無線もしくは海底電線を設置せば、敵艦監視上極めて屈境ならずや。とくに外交上内務の如き顧慮を有することなし」

軍事的な要請からの強引な編入

山座円次郎の「時局なればこそ」という発言を理解するには、当時の極東情勢を知らなければなりません。

1904年2月8日に日露戦争が始まります。開戦の原因は、満州と朝鮮の権益をめぐり、日本とロシアが激しく対立したためでした。

日本は旅順（現在の大連）を攻め立て、8月10日にはロシア太平洋艦隊との黄海海戦が始

*遠くを見渡すためのやぐら。この場合は海軍の望楼を指し、艦船との通信や気象の観測などの任務を担った。

まりました。ロシアは加勢として、10月にバルト海のリバウ港からバルチック艦隊を出航させます。バルチック艦隊は12月に南アフリカ南端、翌1905年3月中旬にマダガスカル、4月末にマラッカ海峡に到達し、5月の日本海海戦に参戦すべく、北上を続けました。その間にも日本は旅順攻略を進めて203高地を陥落させ、1905年3月に日本とロシアの兵力計60万人が死闘を繰り広げた奉天会戦に勝利します。

とはいえ、この戦いで日本軍の消耗は激しく、これ以上の戦闘継続は困難になりつつありました。一方、ロシアは一敗地にまみれたとはいえ、いまだに日本をはるかに上回る兵力を温存しており、無敵とされたバルチック艦隊も日本海を目指し、北上していました。

日本海軍は備えとして1904年9月、鬱陵島に偵察用の望楼（1日完成）と海底電信線（25日開通）を設置していました。韓国領である鬱陵島に日本がこうした施設を建設できたのは、7カ月前の2月に「日韓議定書」を交わし、韓国を実質的に保護国としていたからです。8月22日には韓国に「第一次日韓協約」を強要し、財政権や外交権も手中にしています。

山座はまさにこうした「時局」を睨みつつ、鬱陵島に次いで竹島にも望楼と海底電線を設置し、バルチック艦隊の来襲を監視しようとしたのです。中井養三郎が内務・外務・農商務の3省大臣に竹島の領土編入並びに貸し下げ願いを提出したのは海底電信線敷設の4

日後、1904年9月29日のことでした。

1905年1月、日本が竹島の領土編入を閣議決定したとき、明治政府は官報で公示しませんでした。訓令として島根県内に公示しただけです。そのため、竹島が日本の領土になったということを諸外国は知らないままでした。韓国もまたその事実を知らされておらず、気づくのは翌年になってからです。

この件については、こんなエピソードがあります。

1906(明治39)年3月28日、島根県が竹島に調査団を派遣しました。ところが、悪天候で海が荒れ、一行を乗せた船は鬱陵島へ一時避難します。このとき、調査団から竹島が日本領に編入されたことを初めて知らされた鬱島郡守の沈興澤《シムフンテク》は、すぐさま江原道観察使を通じて、大韓帝国政府に報告しました。

これを聞いた内部大臣は「独島を称して日本の属地だと言うは理に叶わないことである」と驚き、「独島が日本の領地とはまったく根拠のないことだが、その島の状況と日本人がどのような行動をしているか、調査して報告すべき」という命令が議政府参政大臣より直ちに下されます。当時の韓国側の狼狽ぶりがよくわかるでしょう。

竹島の編入は、アシカ猟に従事する民間人の請願を受け、竹島がどこの国のものでもない「無主地」であることを十分に確認したうえで、国際法上合法的になされたというのが日本外務省の説明です。しかし、本当のところは、バルチック艦隊を監視して迎撃し、日露戦争の勝利を確かなものにするという軍事的な要請から、急ぎ足で行われたものだったのです。

こうした歴史的経緯をふまえて韓国側は、日本による竹島編入は第一次日韓協約で財政権と外交権を失った大韓帝国政府の弱みにつけこんで行われたものであり、強占にすぎないと反論しています。

3章

「固有の領土」論からの脱却

日韓双方の論拠に不確かな部分

これまで竹島(独島)の帰属をめぐるおもな争点を紹介してきました。これらの論争を一読して感じることがあります。

それは、日韓どちらの言い分にもなるほどと思わせる部分がある一方で、首を傾げてしまう主張も少なくないということです。とくに中世から近世にかけて、日韓のどちらが先に竹島を発見し、上陸し、領土とみなしていたかという論議は、文書や地図の古さ、不確かさもあって、専門家の間でさえ解釈はさまざまです。

たとえば、韓国が竹島領有の根拠としてしばしば持ち出す于山島はその記述や位置が曖味で、本当に于山島がいまの竹島を指すのか、さらには14世紀ごろから自国の領土として認識していたのか、どうにも判然としません。

17世紀なかばには竹島の領有権を確立していたと主張する日本側も同様です。「竹島一件」をめぐる幕府の言動を見るかぎり、鬱陵島の存在は知っていたものの、当時松島とよばれていたいまの竹島については把握していなかったことは明らかです。その後の渡海禁止令がたとえ日本側の主張どおり、鬱陵島一島を対象にしたものであり、竹島に適用されなかったとしても、それをもって幕府が竹島を日本の領土と認識していたと言えるのか、やはり判然としません。

そもそも、于山島をめぐる論争にしても「竹島一件」をめぐる論争にしても、近代以前のことであり、日韓はともに封建国家でした。近代に成立した国民国家のような領土意識を当時の為政者らが持ち合わせていたのかは、疑問です。

そんな時代に李氏朝鮮王朝の執権者たちは、日本海に浮かぶちっぽけな岩礁を本当に自国領と考えていたのでしょうか？　あるいは、幕藩体制下でまだ日本国という概念が希薄だった江戸時代に、幕府の将軍や老中、さらには鳥取藩主らは、竹島を日本国の領土と考える想像力を本当に持ち得ていたのでしょうか？

こうした素朴な疑問にすら、明白な形で答えられる証拠を、日韓ともはっきりと示せていません。

それでは、近代以降はどうでしょうか？

大韓帝国が１９００年10月に発布した「勅令41号」の弱点については、第２章で指摘したとおりです。勅令に先駆けて議政府に提出された「請議書」が定める鬱陵郡の行政区域は、32キロ×20キロ四方にすぎません。「石島」が独島(竹島)であるとする韓国側の主張にはいささか無理があり、これでは日本の人びとは納得できないでしょう。

日本側の主張にも無理があるように思えます。たとえば、１８７６年の太政官指令について日本は、太政官の言う「竹島外一島」とは鬱陵島と竹島の２島でなく、鬱陵島１島のみを指していると反論します。しかし、島根県から内務省、さらには太政官に上げられた伺書には、鬱陵島に関する記述に続いて、「次ニ一島在リ松島ト呼ブ」と明記されています。伺書が鬱陵島と竹島の２島を対象としているのは明白です。

この伺書に対し、太政官を頂点とする明治政府の精緻な官僚機構が鬱陵島のみの帰属を検討し、松島については何の判断も示さなかったという主張は、理解に苦しむところです。しかも、鬱陵島１島についての帰属判断に、太政官がわざわざ２島と誤読されかねない「竹島外一島」という表現を用いたという点にも、首を傾げてしまいます。

このように中世から近代にかけて、竹島が自国の領土であるとする日韓の主張は、双方とも不確かな部分をかかえているのです。

「無主先占」か、併合の先駆けか

こうして見ると、確かなことは、1905年の日本による竹島編入の史実のみのように見えます。ところが、この史実もいくつかの弱点を含んでいます。この領土編入は2章で説明したように、国際法で認められている「無主先占」の原則に基づき合法的に行われたというのが、日本の外務省の主張です。でも、本当に竹島は新しく発見された島で、どこの国にも領有されていない「無主の島」だったのでしょうか？

日本が竹島を領有した翌年の3月、島根県は竹島に調査団を派遣しています。ところが、天候が崩れて日本海が荒れたため、一行を乗せた船は鬱陵島に一時避難することになりました。このとき、調査団から竹島の日本編入を初めて聞かされた鬱島郡守はたいそう驚き、すぐさま「本郡所属独島が日本によって領有された」と江原道観察使に報告しています（60ページ参照）。

このエピソードは、少なくとも鬱島郡守は竹島を「無主の島」ではなく、自分が管轄すべき韓国の行政区と認識していたことを示しています。「無主の島」を先占しただけと日本側が主張しても、韓国の人びとはなかなか同意できないでしょう。

もうひとつ、「無主の地」を先占した場合、その国家意思が十分に表明されなければならないという国際ルールがあります。しかし、日本は中央政府の官報で竹島領有を公示しませんでした。島根県に訓令しただけで、竹島が新たに日本の国土に加わったことは県発行の「島根県報」で公表されたのみです。これでは、諸外国の政府はおろか、島根県外に住む日本国民でさえ、竹島の領土編入の事実を知らずにいたとしても不思議ではありません。

このように、「無主先占」論にはいくつかの論理的弱点がつきまといます。そのため韓国では、「無主先占」の国際ルールに則って合法的に竹島を編入したという日本の主張は認められないとする声が根強いのです。

しかも、竹島の日本領有は２章でふれたように、軍事上の要請から、明治政府内部の異論をも封じる形で、なかば強引に進められました。そのことは韓国内でもよく知られています。

すなわち、１９０５年の日本による竹島領有は、日本軍による朝鮮王宮襲撃*（１８９４（明治27）年）、明成皇后虐殺**（１８９５（明治28）年）、２次にわたる日韓協約による財政・外交権の剥奪（１９０４年、１９０５年）、そして日韓併合の完成（１９１０（明治43）年）という

*1894年7月23日、清国（中国）の影響力を排除するため、日本軍がソウルの景福宮を占拠した。

**1895年10月8日、日本公使三浦梧楼、軍事顧問岡本柳之助に率いられた日本軍守備隊などが王宮に乱入し、高宗の王妃である明成皇后を虐殺した。

プロセスで、朝鮮の保護国化をめぐって争っていたロシアとの戦争に勝利を収めるべく、海運上の要路にある竹島に望楼と海底電信線を敷設するために強行されたとする理解です。

王宮を焼かれ、皇后を殺され、財政・外交権を奪われ、いままさに国そのものが併呑されようとしている1905年に、竹島が日本に占有されたとしても、時の大韓帝国政府には抗議する術もなかったと、韓国人は一般的に理解しています。だから、日本が竹島は「無主先占」の国際ルールに則って合法的に領土編入したと主張すればするほど、韓国国内では「それは朝鮮侵略の歴史を隠蔽する口実にすぎない」という激しい反発が上がるのです。そして、以下のような史実がそうした理解をさらに強固にさせています。

①竹島の存在が鳥取藩に知られるようになった17世紀ごろ、すでに朝鮮政府が倭寇対策のために鬱陵島などに空島政策を実施していた。

②1876年に日本が朝鮮に「日朝修好条規***」という不平等条約を強いたその翌年でさえ、明治政府が太政官指令で「竹島外一島」は日本国の領土ではないと発令した。

③竹島領有と同じ1905年に「桂―タフト協定」が結ばれ、日本がフィリピンにおけるアメリカの権益を認める代わりに、アメリカが朝鮮における日本の権益支配を認めた。

こうした韓国側の理解を端的に示す例があります。それが2006年に故盧武鉉《ノムヒョン》大統

***日本と李氏朝鮮の間で結ばれた条約。朝鮮本土で日本人が犯罪を犯した場合に日本官吏が裁判できる、朝鮮側に自主関税権を認めないなど、日本に有利な条項が定められていた。

領が行った「独島演説」です。その一説を紹介しましょう。

「独島はわが領土です。単にわが領土ではなく、40年にわたる痛恨の歴史が明白に刻まれている歴史の地です。独島は日本の韓半島侵奪過程において、もっとも最初に併合されたわが領土なのです」

竹島をめぐる日韓の論議を整理すると、気づくことがあります。それは、日韓双方で竹島問題の受けとめ方が異なっているということです。

国際ルールに基づいた「無主先占」を主張し、韓国による竹島占有の不当性を国際司法裁判所で争おうとする日本は、竹島問題をあくまで国際法上の問題として扱います。

ところが、韓国側はまったく違うアプローチから竹島問題を眺めます。韓国では竹島は単なる領土ではなく、日韓併合に先駆けて強占された恥辱の地であり、李ライン設定による実効支配以降は、日本帝国主義からの独立と解放のシンボルとみなされてきました。つまり、韓国にとって竹島問題は植民地支配の清算であり、民族史の記憶をめぐる問題なのです。

このように同じ領土問題であっても、日本と韓国ではその理解、アプローチの仕方が大きく異なっています。その齟齬は大きいと言わざるを得ません。

こうした齟齬がある以上、本来なら、日韓の人びとは、まずは竹島(独島)に関する相手側の言い分に謙虚に耳を傾け、自らの主張が独善になっていないか、内省すべきでしょう。しかし、領土ナショナリズムは和解や相互理解、寛容を阻む作用をするため、竹島領有をめぐる両者の論議はいつまで経っても平行線をたどるばかりです。

変化する国境線

近代がもたらした国民国家の国境線は、時代とともにめまぐるしく変化してきました。その要因は、戦争や帝国主義国による植民地経営、帝国からの分離・独立運動など、じつにさまざまです。領土問題はこの国境線が変化する過程で起きたものです。日本がいまかかえている領土問題――北方の国後《くなしり》、択捉《えとろふ》、歯舞《はぼまい》、色丹《しこたん》の4島、西方の竹島、南方の尖閣諸島――も、大日本帝国がアジアに進出・膨張するなかで、これらの島々を日本領土化したことが発生の原因になっています。

この動きに関してしばしば引き合いに出されるのが、唱歌『蛍の光』です。卒業式などの定番ソングとしてあまりにも有名なこの曲の歌詞に3番、4番があることは、ほとんど知られていません。戦後、歌詞の内容が平和国家となった日本にふさわしくないという理由で歌われなくなったからです。3番と4番の歌詞を紹介しましょう。

筑紫の極み　陸《みち》の奥　海山遠く　隔《へだ》つとも
その真心は　隔て無く　一つに尽くせ　國の為（3番）
千島の奥も沖縄も　八州《やしま》の内の　護りなり
至らん國に　勲《いさお》しく　努めよ我が背　恙《つつが》無く（4番）

この歌詞が作られたのは1881（明治14）年。ロシアとの千島・樺太交換条約、2次におよぶ琉球処分による沖縄県設置の後のことでした。4番の歌詞に千島と沖縄が登場するのはそのためです。ところが、この4番の歌詞は後に変わります。日本が日清、日露戦争に勝利して台湾、南樺太を得てさらに領土を拡大すると、「千島の奥も沖縄も」のフレーズが「千島の奥も台湾も」、あるいは「台湾の奥も樺太も」と歌われるようになったのです。

そして、日本が竹島を島根県に編入し、日露戦争に勝利してから5年後の1910年、今度は歌人の石川啄木がこう詠みます。

地図の上　朝鮮国にくろぐろと　墨をぬりつつ　秋風を聴く

これが1910年の日韓併合を詠んだ歌であることは、説明するまでもないでしょう。こうした唱歌や詩歌からも、日本が刻々とその国境線を変化させ、帝国の版図をアジアに大きく広げていく様子が見てとれます。

朝鮮の国境線も同様です。古くは三国時代*があり、高句麗期には現在の中朝国境よりも北方に勢力を伸ばし、国境線を画定した時代もありました。近代になっての国境線の変化はさらに激しく、啄木が詠んだように、一時は国そのものが大日本帝国の版図に組み込まれます。さらに戦後は、南北分断国家の成立により、38度線という国境線が引かれることになりました。

竹島はもやいの島

竹島が島根県の領土に編入される以前の６００年間は、近代における国民国家成立以前ということもあって、その帰属はじつに曖昧でした。もっと率直に言ってしまえば、岩礁にすぎない竹島は、江戸の将軍にとってもソウルの王様にとっても、どうでもいい存在でした。米が穫れるわけでもありません。民が住んでいるわけでもありません。昔のことですから、海洋資源を開発する高度な技術とてありません。領土的には無価値な島だったのです。

封建制度下の君主主権のもとでは、王は絶対的な権利を維持することが統治の主目的でした。それさえ担保できれば、王宮から遠く離れた自国周縁の見たこともない荒地、小川、

＊4世紀から7世紀にかけて、朝鮮半島に高句麗《こうくり》、新羅《しらぎ》、百済《くだら》の3国が鼎立した時代。

小島などの帰属については、曖昧にしてかまわなかったのです。だから、この時期の竹島については、こう考えるのが妥当です。

「竹島は、日韓の海民（海とともに生きる人びと）がそれぞれ必要に応じて上陸し、もやい*で利用する入会地のようなものだった」

それでは、１９０５年以降はどう考えるべきなのでしょうか？

前述したように、近代以降、国民国家の境界線はめまぐるしく変化しました。１９０５年の日本による竹島領有もそのひとつの現れにすぎません。

このとき、竹島の日本編入を知った鬱島郡守は、すぐさま上部機関である江原道観察使に報告しています。ただし、すでに韓国は日本の実質上の保護国となっていたため、当時の大韓帝国政府が日本に抗議することはありませんでした。韓国が竹島は自国領土であると主張し始めたのは、独立を果たした１９４８年8月15日以降のことです。こうした経緯を考えるなら、竹島は１９０５年から48年8月にかけては日韓による潜在的な領有紛争状態、それ以降は顕在的な領有権争いが継続している状態とみなすべきでしょう。

ところが、こうした歴史的経緯を無視し、日韓双方とも「竹島（独島）は古くからわが国の領土であった」と主張してはばかりません。いわゆる、「固有の領土」論です。

日本外務省はこの「固有の領土」を「我が国民が父祖伝来の地として受け継いできたも

*共同でひとつのことをしたり、ひとつのものを所有すること。

ので、いまだかつて一度も外国の領土となったことがない領土」（外務省『われらの北方領土2012年版』4ページ）と説明します。韓国は以前、竹島について「大韓民国の不可分の一部」という表現をしきりに使用していましたが、日本に対抗してか、いつの間にか同じように「固有の領土」という言葉遣いをするようになりました。

固有とは「本来、備わっていること、そのものだけが持っている様」を指します。だから、日韓の政府が競うように竹島を「わが国固有の領土」と主張すればするほど、日韓の人びとは、この日本海の岩礁を古来からの自国領土と認識するようになります。当然、奪われた格好になっている日本側からすれば、取り戻すことが「正義」になるでしょう。奪われた固有領土をやっと取り戻したと考える韓国にすれば、二度と奪わせないことが「正義」となります。

ふたつの国家が双方の「正義」を掲げて対峙するのですから、絶対に妥協はできません。それどころか、引くに引けなくなってさらに強硬な対応を取ることになり、交渉のテーブルを設けることすら難しくなります。そうなると厄介です。対立はさらにエスカレートし、不信と憎悪がピークになった時点で、残る選択肢は軍事力による問題解決だけとなってしまいます。「固有の領土」論は、紛争や武力衝突の危険な温床なのです。

しかし、実際には竹島は日韓の固有の領土と呼ぶよりは、国境線の画定が曖昧になっていた両国の境界周縁で、双方の海民がもやいで使用してきた、だれのものでもない共有地=入会地と呼ぶのがふさわしい島です。竹島問題を解決しようとすれば、わたしたちはまず、この「固有の領土」論を捨て去るところからスタートしなければなりません。

強欲なテリトリーゲームの清算

もうひとつ、竹島問題を解決するスタート地点に立つために、わたしたちが共通して認識しておかなければならないことがあります。それは今日の国境紛争、領土争いの多くは国民国家のダブルスタンダード、強欲なテリトリーゲームがもたらしたものであるという認識です。

国民国家は自由な個人をつくり出すためのプロジェクトとして、近代の歴史上に立ち現れました。宗教的権威や封建的な身分制から人間を解き放ち、非宗教的で中立な政治空間=公共空間を確立して、自由で自律的な市民社会を形成しようとしたのです。そして、その一大プロジェクトを推し進めるために、ものごとを決めるのは法王や王侯ではなく、主権者である市民一人ひとりであるという、国民主権のアイデアが考え出されました。

ただし、国民は非国民に比べて特権的な権利をもち、それを行使できる主体ですから、対象をはっきり限定しておかないと、国民国家は収拾がつかなくなります。そのため、国民国家はそれ以前の国家よりも国民と領土の範囲をずっと厳密に画定しなければなりません。同時に、国民が分裂して国家の統合が損なわれることのないよう、「われわれ」＝国民を形成する過程で、多様な習慣や規範、帰属、アイデンティティを一律で均質的なものにつくり変える必要に迫られることになりました。この作業プロセスこそが国民国家のナショナリズムです。

ところが、こうした国民、国土の領域確定は、しばしば暴力を伴いました。とくに帝国主義の時代になると、それは列強による植民地獲得競争となります。個人をつくり出すという本来のプロジェクトは忘れ去られ、国民国家は自国の権益を拡大させる強欲なテリトリーゲームに熱中するようになったのです。

しかも、植民地をかかえた列強の多くは、内国民には市民としてさまざまな権利を認める一方で、外国人にはそれらを認めないという、人権上のダブルスタンダードを平気で行います。人権の普遍性と不可侵性を高らかに宣言しておきながら、国民以外の人間の人権は軽視し、植民地における収奪には目をつむったのです。ナショナリズムによって正当化された国民国家は、地球上の一部の人びとが自らの豊かさを他者から守り、世界秩序のなかで得た特権を維持するイデオロギー装置でもあったのです。

このダブルスタンダードが横行した結果、国民国家は20世紀前半に2度の大戦を起こし、人類史上最多の戦争被害者を出すことになりました。領土問題とは、こうした国民国家の暴走とでも呼ぶべき強欲なテリトリーゲームの清算問題にほかなりません。

そうであるなら、私たちは領土問題の解決を「固有の領土」論から考えるのではなく、国民国家のテリトリーゲームがもたらした災禍を癒し、修復するところからスタートさせるべきです。自国の国益、主権の死守を金科玉条のように叫ぶのではなく、係争する2国間の和解と協働を促し、共通の利益を増進させるところから、解決策を探るべきなのです。

4章 竹島密約――「棚上げ」の知恵

14年間のマラソン交渉

1965年6月22日、日韓両国は日韓基本条約*を結び、国交を正常化しました。日本と韓国が修好を回復させるため、最初に日韓会談を開いたのは、朝鮮戦争中の1951年です。日韓会談は、単に2国が外交関係を結ぶためのものではありません。36年間に及ぶ植民地支配の清算問題が含まれていました。したがって、その検討課題も、①日韓併合条約の無効化および日韓基本関係の再構築、②韓国の日本に対する請求権および経済協力の名目、規模、③漁業権の調整、④文化財の返還、⑤在日韓国人の法的地位など、多岐に及びます。

*正式名称は、日本国と大韓民国との間の基本関係に関する条約。

しかも、会談に臨む日韓の方針は大きく異なっていました。あくまでも植民地支配の清算、すなわち謝罪と賠償を求める韓国に対し、日韓併合条約は合法的に締結されたものであり、したがって請求権問題は賠償ではなく、経済協力の形式で解決したいというのが日本の基本的立場でした。

こうした日韓の相違は、しばしば深刻な対立を引き起こしました。その典型が久保田・高杉発言です。

１９５３年の第３次日韓会談で、日本側の首席代表だった久保田貫一郎外務省参与はこう発言し、韓国側を怒らせています。

「日本がサンフランシスコ講和条約を締結する前に、韓国が独立したのは不法である。日本の36年にわたる統治は、韓国にとっても有益であった。日本としても朝鮮の鉄道や港をつくったり、農地を造成したりしたし、大蔵省は当時、多い年で２０００万円も持ち出していた」

また、大詰めを迎えた１９６５年の第７次日韓会談では、高杉晋一首席代表の次のような発言が物議をかもしました。

「日本は朝鮮を支配したというが、わが国はいいことをしようとした。山には木が一本もないということだが、これは朝鮮が日本から離れてしまったからだ。もう20年も日本とつきあっていたら、こんなことにならなかっただろう」

こうした植民地支配を肯定するかのような発言が飛び出すたびに、日韓交渉は紛糾し、中断しました。ことに久保田発言時の韓国の反発は激しく、4年間も交渉のテーブルが途絶します。このため、日韓交渉は正常化までに、じつに14年間もの時間を要するマラソン交渉となりました。

国交回復を急いだ朴正熙大統領

難航していた日韓交渉の潮目が変わったのは、朴正熙政権が登場してからです。

それ以前の政権担当者は、基本的に反日の姿勢を崩しませんでした。李ラインを設定した李承晩大統領はとくに強硬で、久保田発言を聞くや、「そんなけしからんことを口にする相手とは交渉の必要はない」と、即座に日韓会談の中止を決めたほどでした。しかし、1960年の4・19学生蜂起による李承晩下野を経て、翌61年5月16日に陸軍少将を退役したばかりの朴正熙氏が軍事クーデターを起こして権力を握ると、空気が変わります。*

朴大統領は植民地時代、日本の陸軍士官学校57期生として、日本式の教育や知識を身につけた人物です。陸軍士官学校時には「高木正雄」という名前を使い、卒業後は帝国陸軍

*大統領になったのは1963年12月。

の中尉になっています。そのため、反日と独立を主張して大統領になった李承晩氏と違って、日本への親和度は格段に高かったのです。実際、政権掌握後は、李前大統領ほど反日を声高に主張することはありませんでした。

こうした朴大統領の親日感情を示すエピソードがあります。1961年11月、当時、国家再建最高会議議長の職にあった彼は訪米の途上、日本を訪問しました。このとき、池田勇人首相**が主催した総理官邸での晩餐会で、次のように発言したのです。

「われわれが過去のよろしくない歴史を暴きたてるのは、賢明なことではありません。日韓両国は理念と目標のために親善を図るべきです」

さらに、その後の池田首相との公式会談では、こうも述べています。

「韓日両国は運命共同体です。（中略）日本が韓日問題に誠意を見せてくれるのであれば、われわれは李前政権のように多額の請求金を要求するつもりはありません。場合によっては政治的な賠償など求めないつもりです」

「政治的な賠償を求めない」とは、過去の植民地支配の責任を問わないことを意味します。朴大統領は朝鮮戦争後に疲弊した韓国経済を立て直すため、日本の資金、技術、市場を利用しようと考え、植民地支配の清算よりも国交回復を急いだのです。こうした日本に対する和親的ともとれる朴大統領の姿勢は後に、韓国内で「売国的な恥辱外交」と批判を

**1899～1965年。首相在任は1960年7月～64年11月。

浴びます。一方、できるだけ植民地支配の責任問題にふれたくない日本にすれば、朴大統領は対日強硬派の李前大統領に比べて、はるかに好都合な交渉相手でした。

もうひとつ、日韓双方が正常化を急いだ理由があります。それは「釜山赤化論」への警戒感です。

1950年6月に朝鮮戦争が勃発するや、北朝鮮の人民軍は怒涛の勢いで38度線以南を進攻し、韓国政府はソウルを捨てて一時、釜山に後退せざるを得ませんでした。北朝鮮軍は中国、ソ連の支援を受けており、当時、日本でも「釜山の次は日本が赤化（共産主義化）されかねない」という危機感が強まります。その警戒感は朝鮮戦争の休戦後も引き継がれ、日本は社会主義陣営に対抗するためにも、「反共路線」を掲げる韓国と関係を正常化させる必要に迫られていたのです。

「大平・金メモ」による妥結

こうして日本に和親的な朴政権が登場して以降、日韓の交渉は急展開します。交渉の責任者となったのは、日本側が池田内閣で副総理を務めた大野伴睦《ばんぼく》*、韓国側は朴大統領の義理の甥で、初代中央情報部長に就任した金鍾泌《キムジョンピル》でした。

*1890〜1964年。衆議院議長、自民党副総裁などを歴任。

1962年、朴政権が第1次5カ年経済開発計画を公表したことを受け、日韓は請求金額の確定へと動き出しました。韓国を貧困から脱却させ、自立的な民族経済を樹立するというのが、この5カ年計画の目標です。以後、韓国は日本から受け取った資金をベースに経済開発を進め、やがて1970年代から80年代にかけて「漢江《ハンガン》の奇跡」と呼ばれる経済成長を達成します。

韓国側の要求は無償3億ドル、有償3億ドル、民間借款3億ドルの計9億ドルでした。これに対して、カウンターパートナーとして交渉を担当した大平正芳外相**が示した金額は無償1億ドル、有償2億ドルの計3億ドル。日韓の考える経済協力額には、じつに6億ドルもの差があったのです。

日韓両政府は水面下で交渉を続け、1962年11月、大平と金は東京で差しの会談をもちます。その席で決まったのが、無償3億ドル、有償2億ドル、民間借款1億ドルの計6億ドルという金額です。この合意はその場でメモにまとめられ、後に「大平・金メモ」として世に知られることになりました。

このメモには「有償」「無償」といった資金の性格についての説明はあるものの、「請求権」という言葉は一切使用されていません。これは、植民地支配への損害賠償を意味する「請求権」という単語を嫌い、「経済協力」という表現にこだわった日本に、韓国が配慮し

**1910〜1980年。1978年12月〜80年6月に首相。

たからです。

この結果、日本政府は国民に、資金供与はあくまでも経済協力の一環であると説明できるようになりました。一方の韓国は「有償」「無償」という表現を強調することで、植民地支配の償い金としての性格も反映されていると、国民に釈明することが可能となりました。

この妥協によって、懸案となっていた日韓基本条約の性格——戦後賠償か、経済協力か——については曖昧にしたまま、交渉妥結できるメドが立ったのです。

漁業権問題クリア後も残った竹島問題

日韓は次なる障壁のクリアに乗り出します。それが李ライン（41ページ参照）の解消と漁業権問題です。韓国にとって最大の懸案が請求権による資金確保だとしたら、日本にとってのそれは対馬海峡や済州島《チェジュ》*近辺の豊かな漁場の確保でした。この水域で操業できるかできないかは、西日本の漁民にとって死活問題だったのです。

日本が最初に取り組んだのは李承晩ラインの解消でした。マッカーサーラインを踏襲した李ラインは竹島を含む広大な水域だけに、日本にとってまずはこの李ラインの解消が漁

*朝鮮半島最南端に位置する火山島。面積1845㎢、人口約55万人。

業権確保の第一目標とされます。

請求権問題が解決されれば李ラインは自動的に解消されると、朴政権は事あるごとに日本政府に打診していました。しかも、韓国側はこの打診が単なる口約束でないことを示すため、1963年ごろになると、日本の漁船が李ラインの内側で操業してもあえて拿捕せず、見過ごすという対応を見せるようになりました。つまり、「大平・金メモ」が作成された時点で、李ライン問題は実質的には解決していたのです。

一方、漁業権問題はそう簡単には決着しませんでした。

日韓双方はそれまでの交渉で、①韓国沿岸から12海里(1海里＝1852メートル)を韓国の漁業専管水域とし、②その外に日韓の共同規制区域を設けて出漁制限を行う、③日本は漁業経済協力を行う、という3項目でほぼ合意に達していました。

ところが、12海里を決める沿岸基線の線引きだけはなかなか合意を見ることができません。とくに、済州島近辺の豊かな漁場を確保したい日本は、この基線を済州島ではなく、朝鮮半島の沿岸部から設定すべきと強硬に主張し、一歩も引きませんでした。

韓国にしても、妥協の余地はありません。日本の主張を認めると、半島部と済州島の間に基線を設定するはめになります。それは自国の領海を寸断し、漁業専管水域を狭めることを意味します。日本の基線要求はとてもではないが飲める話ではないと拒否するほかなく、日韓の交渉は完全に行き詰まってしまいました。

それでも、この漁業権問題も最終的には妥協が図られます。1962年から64年にかけて、日韓の漁業会談は40回以上も開かれました。この一連の会談で日本が漁業協力借款の供与を提案し、有償3億ドル部分のうち9000万ドルがその借款として充当されることが本決まりになると、韓国が軟化の姿勢を見せたのです。

韓国は済州島の南方と西方の基線をそれまでの北緯32度からそれぞれ32度30分、33度30分へと移動させて専管水域を確定させたうえで、それと李ラインの間の水域を「共同漁業資源調査水域」と名付け、日韓の共同規制区域に編入することに同意しました（見返し地図参照）。この同意によって、日本の漁船は済州島近辺のごく一部の水域を除いて、自由に操業できるようになりました。

しかも、この水域を「共同漁業資源調査水域」と命名することで、日韓政府双方は基本条約の性格同様、国民への説明が容易になるという副次的効果も手にしました。「共同漁業資源調査水域」の外縁は、李ラインに相当します。これによって、韓国政府は「李ラインは名前を変えただけで、いまも存在している」と国民に釈明でき、日本政府は「李ラインの名称がなくなったのだから解消に成功した」と国民にアピールできたのです。

こうして14年間ものマラソン交渉となった日韓交渉は、ほとんどの検討課題の対立点について落としどころが決着し、合意目前となりました。しかし、ただひとつ、最後まで日韓が合意に至らず、積み残された難題があります。それこそが竹島をめぐる領有権争いでした。

河野一郎と丁一権の登場

請求権問題、漁業権問題という難問の解決にメドが立ったものの、竹島の領有をめぐる日韓の対立が解消される気配はありませんでした。

竹島占拠を不法と批判し、国際司法裁判所など第三者に裁定を委ねるべきとする日本に対し、韓国は竹島問題を日韓交渉とリンクさせることを拒み続けました。まずは両国の早期正常化を優先し、解決の難しい領土紛争は国交回復後に新しく対話のテーブルを設けて交渉すべきと譲らなかったのです。双方の主張の溝は大きく、日比谷公園ほどのちっぽけな岩礁は日韓交渉妥結にとって、最大の暗礁になろうとしていました。

しかも、これまで実質的に交渉を切り盛りしてきた日韓の政治家——大野伴睦と金鍾泌のふたりがともに、政治の表舞台から姿を消すという不運が重なります。

大野と金は、1964年3月に漁業権交渉の妥結、4月に日韓基本条約の草案作成、5

月に調印という極秘スケジュールに合意していました。しかし、大野は患っていた脳血栓が悪化して5月に病没。金は政権内部の抗争や日韓交渉に反対する国内の民主化運動の余波を受け、政界を一時的に退くこととなったのです。二人のキーパーソンを失い、日韓交渉は停滞するかに見えました。

ところがその直後に、途絶えた大野ー金ラインの空白を埋める人物が登場します。それが、自民党第二派閥の領袖だった河野一郎*と朴大統領の秘蔵っ子と呼ばれていた丁一《チョンイル》権《グォン》のふたりです。

当時、河野は池田内閣で建設大臣を務めていました。本来なら、漁業交渉を担当する農林大臣でも外交交渉を行う外務大臣でもない河野が、日韓交渉の取りまとめに動くのは不自然です。しかし、当時の河野は池田内閣に続き、佐藤政権でも副首相格として入閣を果たす党人派の巨頭でした。大野亡き後、日韓間の難しい交渉を仕切れる力のある政治家として、白羽の矢が立ったのです。

韓国側からは金鍾泌の後釜として、丁が指名されます。日帝統治下の満州高等軍事学校で学び、その後、韓国国軍の総参謀長、駐トルコ、アメリカ、フランス大使、さらには外務大臣、国務総理、国会議長などを歴任した丁は、金鍾泌という政権ナンバー2を失った朴大統領にとって、日韓交渉を任せるに足る逸材でした。

＊1898〜1965年。農林大臣、経済企画庁長官などを歴任。

金鍾泌が民主共和党議長を辞任し、政界から身を引くほぼ1カ月前の1964年5月9日。国務総理に抜擢された丁は、官僚から衆議院議員へと転身したばかりの中川一郎（後の農水相）や渡邉恒雄（後の読売新聞主筆）を介し、河野に日韓交渉のとりまとめ役を引き受けるよう、内密に打診しました。河野担ぎ出しに際しては、当時、河野派に属していた中曽根康弘が丁サイドに、「河野一郎を担ぎ出せば、日韓交渉はうまく行く」とアドバイスしたとされています。

こうした一連のロビーイングを通じ、河野は交渉役を引き受けることを決意し、佐藤栄作首相の承認を得たうえで、日韓交渉へと乗り出したのです。ただし、河野と丁が直接対面したわけではありません。

日韓会談には、複数のロビーイングルートがありました。河野―丁ライン以外にも、日本では児玉誉志夫《よしお》、矢次一夫《やつぎかずお》といった政界フィクサーたち、韓国では李東元《イドンウォン》外務部長官、浦項《ポハン》製鉄所の設立者として知られる朴泰俊《パクテジュン》国家再建最高会議委員らの有力者たちが、それぞれの権限と人脈を駆使し、交渉の取りまとめに動いていました。

多チャンネルによる外交交渉は、しばしば混乱を招きます。日韓交渉の場合も正常化後に巨額の経済協力資金が動くことが予想され、その利権をめぐってさまざまな人物が独自のルートで、交渉を主導しようと競い合いました。河野はこうした多チャンネルによる交渉がもたらす混乱を避けようと、あえて丁との対面を避け、自らの代理人を通じて秘密交渉を行うことにしたのです。

河野の代理人を務めたのは当時、河野の秘書役と目されていた宇野宗佑*でした。河野派を代表する若手議員で、自民党の青年局長を務めていた宇野を河野は可愛がり、自らの代理人としてソウルへ派遣します。宇野のソウル行きは、1964年夏からの半年間だけで4～5度にも及びました。

一方、丁の代理人に起用されたのは金鍾泌の実兄である金鍾珞《キムジョンラク》です。1920年生まれの金鍾珞は、韓一《ハニル》銀行常務、コリア・タコマ社社長という経歴からわかるように、生粋のビジネスマンで、政官界で活動したことはありません。しかし、金鍾泌の実兄として朴大統領から絶大な信任を受けていました。さらに、金鍾珞は日本の大学を卒業後に日本人女性と結婚したこともあって、日本語が堪能でした。民間人であり、通訳を交えることなしに日本側の要人と内密の交渉をこなせる、秘密交渉の代理人としてうってつけの存在だったのです。

代理人に指名されると、金鍾珞はビジネスを一時中断し、さっそく東京都内の高級ホテルに陣取り、河野をはじめとする自民党や政府の要人と精力的に接触を重ねていきました。金の日本滞在は1964年夏から2カ月以上にも及びました。

*1922～98年。89年6～8月に首相。

「未解決の解決」という解決策

こうして日韓交渉の最後の難問、竹島をめぐる領有権争いの解決は河野—丁ラインに委ねられます。河野と丁が考えついたのは、「解決せざるをもって、解決したとみなす」という奇妙な解決法でした。

領土紛争に白黒をつけるのは、並大抵なことではありません。片方が勝者となれば、片方は必ず敗者となります。敗北した側は領土を失い、それは主権の一部分を失うことを意味します。どちらが敗者になるにしろ、それは日韓両国にとって受け入れがたいことでした。交渉にあたった外交チームも、無傷ではすみません。国益を守れなかったとして世論から猛烈なバッシングにさらされ、政治家であれば政治的生命を失い、官僚であれば出世の道が閉ざされることになります。

これらのリスクを避けながら、日韓双方が傷つかず、かつ国交正常化へ進められる唯一の解決法が「未解決の解決法」、すなわち領土問題の棚上げだったのです。

棚上げのアイデアは、まず河野、宇野、金鍾珞の3人によって草案が練られました。河野は佐藤首相に棚上げの方針を伝えて内諾を得ると、1965年1月初旬、金とともに宇野をソウルに向かわせます。

宇野はひそかにソウル市城北洞《ソンブクドン》にある経済人の自宅で丁と落ちあい、Ａ４判のメモ数枚にタイプされた草案を読み上げ、棚上げ案の内容を伝えました。草案は前もって金から朴正熙大統領に報告されており、この秘密会合から２日後、朴大統領が正式に草案の受諾を決定しました。

後に竹島密約と呼ばれる、この領土問題棚上げの内容は、次のとおりです。

「竹島・独島問題は解決せざるをもって解決したとみなす。したがって（日韓基本）条約では触れない。

（イ）両国とも自国の領土であると主張することを認め、同時にこれに反論することに異議を提起しない。

（ロ）しかし、将来、漁業区域を設定する場合、双方とも竹島・独島を自国領として線引きし、重なった部分は共同水域とする。

（ハ）韓国は現状を維持し、警備員の増強や施設の新設、増設を行わない。

（ニ）この合意は以後も引き継いでいく」

この竹島密約については、ロー・ダニエルという研究者が、韓国政府が公開した日韓交渉関連資料や中曽根元首相など密約の経緯を知る関係者からの証言をもとに、一冊の本

（『竹島密約』草思社、２００８年）にまとめています。歴史的に貴重な労作で、詳細を知りたい方はぜひ参照してください。

密約合意の背景にあるのは、日韓が竹島問題を棚上げすることによって、ウィン―ウィンの関係を築こうという思考でした。それぞれの「正義」がぶつかり合い、領有を主張すればするほど、日韓関係が袋小路に追い詰められる愚を避けようとする先人の知恵と表現してもよいかもしれません。

竹島問題を棚上げにするというこのアイデアは、無の状態からいきなりひねり出されたわけではありません。

14年間に及ぶ日韓のマラソン交渉の転換点はまちがいなく、朴大統領の登場によってもたらされました。李承晩大統領時代、韓国は植民地支配の清算、反日という原則的立場から対日外交を展開しました。しかし、軍事クーデターで朴が政権を掌握した１９６１年以降は、日本から導入した資金で開発独裁を進めることが優先され、日韓交渉は経済基調の外交へと転換します。このプロセスで、日韓の政治家や交渉実務者の口から、領土問題の棚上げにつながる発言がしばしば飛び出しているのです。

たとえば、１９６２年9月にあった日韓の「政治会談予備折衝第４次会議」では、日本の井関祐二郎外務省アジア局長がこう発言しました。

「竹島はさほど価値のない島です。日比谷公園ほどの広さで、爆破してなくしてしまえば、問題がなくなるでしょう」

密約合意の立役者となった河野も、「竹島は（日韓が）国交を正常化させれば、互いにあげようとしても、もらわないくらいの島だ」と、よく似た内容の発言をしています。

こうした日本側の動きに応えるかのように、韓国側からも同趣旨の発言がなされています。その典型が1965年5月にアメリカを訪問したときの朴大統領の発言です。朴大統領はラスク国務長官との会談の席で、「韓日国交交渉で暗礁となっている独島は爆破してなくしたい」と表明しました。

当時の日韓政府は竹島問題で激しくぶつかっていましたが、国交正常化を急ぐという点では利害が共通していました。日本から導入される資金で経済発展をとげたいという韓国政府の思惑はすでに説明しましたが、日本もまたアメリカからの強い要請で、日韓の国交正常化を迫られていたのです。

ジョン・ケネディ暗殺を受け、1963年に第36代大統領に就任したリンドン・ジョンソンは中国の核実験成功、ソ連の宇宙開発進展、ベトナム戦争の拡大などを目の当たりにし、共産圏との対決姿勢を強めていました。そんなジョンソン政権にとって、東アジアにおける反共陣営の有力メンバーである日韓の国交正常化は重要な関心事です。アメリカの意向は日本にも伝えられ、佐藤政権は日韓国交正常化を急ぎます。

こうした国際情勢もあって、日韓の交渉担当者の胸中に竹島問題が正常化の障害になってはいけないという意識が芽生え、「竹島密約」が生まれる下地となったのです。

年中行事となった口上書交換

日韓の合意を受け、河野と丁は竹島密約の仕上げにとりかかります。

密約である以上、日韓基本条約にその内容を明記はできません。ただし、何らかの形で日韓基本条約の中に残し、条約調印後も日韓双方が竹島の領土紛争を棚上げにできる仕掛けを確保しておかなければなりません。

そこで両国は、日韓基本条約に付随する協定を結ぶことにします。それが「日韓紛争解決に関する交換公文」です。これは「日本側書簡」と「韓国側書簡」の2通からなり、両国を代表して、椎名悦三郎外務大臣と李東元外務部長官が交換しました。そこには次のような一文がありました。

「両国政府は、別段の合意がある場合を除くほか、両国間の紛争は、まず、外交上の経路を通じて解決するものとし、これにより解決することができなかった場合は、両国政府が合意する手続に従い、調停によって解決を図るものとする」

ここには、「竹島」「独島」という表記はありません。しかし、文中の「両国間の紛争」とは、竹島をめぐる領有紛争を指しています。こうして、「竹島」と「独島」という地名に言及しないことで領土問題を曖昧にしながら、「交換公文」という形で日韓双方が竹島の領有を主張する余地を残し、なおかつ、合意が得られない場合はいかなる調整も解決もしない――すなわち「未解決の解決」を図れることになったのです。

これを受け、日本はさっそく日韓基本条約調印後の１９６５年7月に、韓国による竹島占拠に抗議する口上書を韓国に送っています。

この抗議に韓国が反論したのは、その年の12月です。同じような形式の口上書で、独島は韓国の領土であり、「日本政府の行う独島領有権に関するいかなる主張も考慮の対象にならない」と反駁し、日本側に送りつけました。

ところが、日韓の応酬はそこまでで、それ以降はこの口上書のやりとりが政治問題化することはありませんでした。このやりとりが竹島密約の最初の合意――(イ)両国とも自国の領土であると主張することを認め、同時にこれに反論することに異議を提起しない――に基づいたものであったことは、言うまでもありません。

こうして竹島密約以降、日韓両政府はまるで時候のあいさつのように、「竹島は日本固有の領土」「独島は大韓民国の領土の不可分な一部分」と主張する口上書を交換しながら、それをとくに外交問題とすることもなく見過ごしにするという慣行を守ってきました。『竹島密約』の著者ロー・ダニエルは、その日韓のやりとりについて「1952年から1976年の24年間で合計78回あった」と記しています。

尖閣諸島について、日中の首脳が領有権問題の棚上げに実質合意したのは、1972年（田中角栄首相と周恩来首相）と1978年（園田直《すなお》外相と鄧小平副主席）です。この棚上げによって、日中両国は尖閣諸島の主権を主張して軍事紛争へと突き進む危険を回避し、国交回復を果たすことができました。

その日中の領土問題棚上げよりずっと以前に、日韓の先人たちが竹島密約という高度な政治合意にこぎつけたのは驚くべきことです。

継承されなかった密約

ただ残念なことに、竹島密約は密約であるがゆえに、現在に継承されることはありませんでした。

1979年10月26日、韓国で衝撃的な事件が起こります。私的な宴会の席で、朴正熙大統領が腹心の金載圭《キムジェギュ》中央情報部長によって射殺されたのです。18年5カ月に及ぶ軍事独裁政権が崩壊した瞬間でした。

朴大統領の暗殺を引き金に、韓国では民主化の要求が高まり、各地で大規模なデモが勃発します。そのピークとも呼べるものが、1980年5月の光州《クァンジュ》市民蜂起でした。数万人もの市民が独裁政治の打倒を叫んで市役所や放送局などの公共施設を占拠し、パリコミューンをほうふつとさせる解放区が形成されたのです。

この混乱を収拾したのは、陸士11期出身の少将・全斗煥《チョンドゥファン》保安司令官でした。全司令官は軍部を掌握して戒厳令を発令すると、軍隊を光州市に投入し、市民の制圧に乗り出しました。この光州事件では、市民や学生など2000人を超える犠牲者が出ています。

翌1981年2月、全司令官は大統領に就任し、一時はピリオドを打つかに見えた軍事政権が再び息を吹き返しました。その後に発足したやはり軍人出身の盧泰愚《ノテウ》政権時代を含めると、韓国では1993年まで軍事政権が存続します。

この混乱は竹島密約に大きな変化をもたらしました。密約の存在を証明するメモが失われたのです。政権は掌握しつつあったものの、軍事政権の継続への国民の不満はきわめて大きく、全斗煥大統領にとって国民の懐柔は大きなテーマでした。そのため、国民に民主化の進展を示そうと、全政権は朴政権下で不正蓄財をした政治家や官僚、経済人などを取り締まることにしました。

摘発は光州事件直前の１９８０年5月に始まり、逮捕者の一覧には金鍾泌民主共和党総裁、李厚洛《イフラク》前中央情報部長、朴鍾奎《パクジョンギュ》前大統領警護室長、金大中《キムデジュン》国民連合共同議長（肩書きは当時）などの名前がリストアップされます。捜査の焦点はまちがいなく金鍾泌の処遇でした。同じ軍事政権ではあっても、前政権との腐敗関係を断ち切った清新な政権という点をアピールするには、朴政権ナンバー2だった金鍾泌を厳しく処断する必要があったからです。

合同捜査本部が公表した金鍾泌の不正蓄財額は、２１６億ウォン（約19億８５００万円）という巨額なものです。金は46日間の拘束を受け、釈放後の１９８０年7月3日、公職辞退を通告されて国会議員辞職へと追い込まれました。

問題はこの摘発者リストに、金鍾泌の兄で竹島密約の日韓合意に動いた金鍾珞の名前もあったことです。全政権による粛清を察知した金鍾珞は、「歴史の逆賊という烙印を押されることを恐れ」（『竹島密約』２３７ページ）、密約のメモを廃棄するという挙に出ます。

日韓正常化交渉に対し、多くの韓国国民は「日本の植民地支配の責任を曖昧にし、経済協力を急ぐ売国的外交」と、反対の意向を表明していました。まして、竹島密約は民族独立回復の象徴である独島の領有権を曖昧にし、棚上げにするというものです。

捜査の過程でその竹島密約に深く関与してきたことが明るみに出ると、「不正蓄財者」に加えて、「歴史の逆賊」との烙印を押されて断罪されるのではないかと、金鍾珞は恐怖します。そして、1979年10月の朴暗殺から不正蓄財摘発の80年5月にかけてのある時期に、ひそかに竹島密約のメモを燃やしてしまったのです。

この金鍾珞証言を得たのはロー・ダニエルです。著書では、野球帽を目深にかぶり、ソウル市内のハイアットホテルに現れた金が、「私が燃やした」と告白するシーンが生々しく再現されています。

ただし、メモが失われても竹島密約そのものが失われることはありませんでした。朴政権が全政権、盧政権へと移行しても、対日和親的な姿勢は引き継がれます。竹島密約も申し送りされ、「解決せざるをもって解決とする」という棚上げ方法は維持されました。日韓はその後も竹島の領有権を主張する口上書を交換し、それをあえて問題視しないことで領土紛争を回避できたのです。

竹島密約という紛争回避の安全装置が失われたのは、皮肉にも韓国の民主化が進展し、国民の待望する文民大統領が誕生した1993年以降でした。密約を喪失させたのは、この年の大統領選に勝利した金泳三《キムヨンサム》です。金は政権を発足させると、1961年以来続いた軍事政権の清算にとりかかります。1980年の光州事件で市民を軍事力で鎮圧した軍事政権の責任を問い、前任のふたりの大統領を「反乱首魁」「収賄容疑」などの罪名で裁くことにしたのです。軍政から民主化政治への転換を象徴するこの措置は、金大統領の評価を高めました。

軍政とともに、金泳三大統領が重視した清算問題がありました。歴史の清算です。金大統領は日韓正常化のプロセスで植民地支配の責任が矮小化されたことを問題視し、改めて日本に歴史問題を直視することを強く要求していきます。

そんな金泳三大統領にとって、竹島をめぐる状況は看過できないものでした。１９９５年8月15日、「祖国光復50周年記念」の式典で、金大統領はソウル市の光化門《クワンファムン》*の真後ろにある朝鮮総督府庁舎の撤去を表明します。日帝統治のシンボルである朝鮮総督府の撤去は、国民から大きな支持を受けました。

これに気をよくした金泳三大統領は翌１９９６年2月、今度は竹島に接岸施設を建設することをぶち上げます。竹島は韓国領土の不可分の一部分であり、日本との係争は存在しないという立場にこだわり、竹島密約の合意(ハ)を反故にして、実効支配を進める決断を下してしまったのです。施設は１９９７年11月に完成し、この時点で竹島密約は事実上、失われた形となりました。

密約の本来の精神は、双方のナショナリズムが衝突し、軍事紛争にもなりかねない危機

*１９３４年に景福宮の正門として建築された。数度の火災により焼失し、現在の門は２０１０年に再建されたもの。

を先送りしつつ、現状の日韓関係では解決できない難問を後の成熟した世代に委ねるというものです。それだけに、密約の破棄には合意時を上回る慎重さが求められます。破棄によって日韓関係が極度に悪化した場合、どう対処するかなど、あらゆる状況を想定した事前の検討が必要なはずです。

ところが、当時の金泳三政権にそのような作業を行った形跡はありません。歴史の清算という大義のみが声高に主張され、優先されました。そこから垣間見えるのは、政権担当者としての怜悧な判断よりも、反日を主張することによって政権支持率を上げようとするポピュリズム的な願望です。

竹島密約は、朴、全、盧の三代に及ぶ軍事政権によって維持されてきたガラス細工のような密約です。本来なら、新しく登場した文民政権がこれをどう引き継ぎ、処理するのか、綿密な論議があってしかるべきでした。金泳三大統領が竹島への実効支配を強めた結果、竹島密約が失われてしまったのは、返す返すも残念でなりません。

こうなると、日本も従来のような棚上げによる対応を続けられなくなります。ヘリポートや埠頭の追加建設など、韓国側が実効支配を強化するたびに反発が強まり、日本国内でも韓国へ厳しい対応を取るべきという声が噴出しました。その端的な現れが、2005年の島根県による「竹島の日」制定です。*

*17ページ参照。

以後、再び竹島は日韓の国益とナショナリズムが衝突する最前線の島となってしまいました。日韓を不毛の対立へと追いこむ厄介な火種が再燃したのです。

5章 竹島は共同管理で

密約の限界

日韓両国が領土問題の棚上げに合意した竹島密約には、たしかに大きな利点がありました。

領土紛争は主権に関わることだけに、国家は安易な妥協はできません。また、双方が国家の威信をかけて対立を深めれば、場合によっては軍事紛争にもなりかねません。その間、紛争当事国間の友好や交流は途絶え、相互に不信や憎悪の感情が募ります。

竹島密約はそのような愚を防ぎ、日韓の協力を進める安全装置として機能することになりました。ただし、竹島密約には大きな弱点があります。それは、密約には限界があるということです。

竹島密約は日韓基本条約締結の5カ月前に、日韓のごくごく一部の政治家が高度な政治判断を下し、国民に内緒で結んだ政治合意です。合意に至るまでの経緯が公開されることはなく、ましてや双方の議会や国民の間で広く論議された末にもたらされた合意でもありません。

そのため、常に不透明さと無責任さがつきまといます。日韓関係を領土問題で袋小路に追い詰めないための高度な政治判断、知恵だったといくら主張しても、国民を欺いていたという批判は免れず、合意の正当性が公的に担保されません。

韓国で軍事政権から文民政権へと密約が継承されなかったことは、まさにその証明です。密約にまつわる秘密性、責任回避性が災いし、棚上げ合意はなし崩しに失われました。その結果、韓国内にむき出しの領土ナショナリズムが噴出し、竹島の実効支配を高めることになってしまったのです。

これは日本側も同じです。過去に両国が領土紛争の棚上げに合意し、日韓の和解を図ってきた経緯を国民が知りようがないため、韓国が竹島の実効支配を進めると、たちまち領土ナショナリズムが高まります。棚上げによって日韓関係が安定したという利点は記憶されずに、「目には目を、歯に歯を」と、日本側もまた「竹島の日」制定や教科書記述の追加改訂*など、対抗手段へと突き進んでしまいました。密約はしょせん、密約にすぎないのです。

領土問題の解決には三つの方法があります。①軍事手段による解決、②国際司法裁判所など第三者の裁定による解決、そして③当事国間の交渉による解決です。

①が愚策の極みであることは、言うまでもありません。

②は一見、中立で公正な第三者によって解決されるため、理に適っているように映ります。しかし、これも下策にすぎません。なぜなら、調停の名のもと、勝者と敗者がもたらされるからです。勝者となった国は満足できるでしょうが、敗者となった国には不満と無念が残ります。

領土紛争は当事者国が隣り合っているからこそ起きるのです。紛争解決後もお隣同士の関係は続きます。そのとき、調停を第三者任せにしていたのでは、双方の国民の不信やわだかまりは解けず、その後もぎすぎすした両国関係になってしまうことでしょう。

もっとも上策は、③です。交渉で両国が互いの言い分に耳を傾け、解決の手だてを探す。その過程で醸成された両国民の相互理解や信頼、さらには紛争解決のために提示される国境を超えた協働のアイデアこそが、未来に向けた2国間の財産となります。

ところが、密約による解決方法では、こうしたことを可能とする両国民の広範な議論は

*たとえば、2013年度に検定を通過した歴史教科書21種のうち、「竹島は日本固有の領土」と表記したものは15種にのぼる。そのうち、3種は初の追加記述だった。

望むべくもありません。密約は現状の糊塗にすぎず、両国の未来に向けた次のステップづくりにはつながらないのです。

果たされていない宿題

それにもかかわらず、なぜ竹島密約は成立したのでしょうか。

それは、当時の交渉担当者たちが、自分たちの世代で領土問題を解決できないのなら次世代に委ねればよいという、暗黙の了解を共有していたからです。竹島問題で日韓両国の正常化交渉が頓挫しないよう、棚上げの密約で時間を稼いでおき、次世代がよい解決方法を見つけ出してくれることを、彼らは期待しました。

同じ動きは日中間でもありました。日本が尖閣諸島を「無主の地」として領土に編入したのは１８９５(明治28)年1月14日です。その後、日本の敗戦によって米軍施政下に置かれたものの、沖縄が返還された１９７２年5月15日以降は沖縄県石垣市の管轄地として、再び日本が実効支配をすることになります。

この尖閣諸島をめぐり、日本、中国、台湾の間で領有権紛争が起きたのは１９７１年です。きっかけは、１９６８年に国際連合アジア極東経済委員会が「尖閣諸島海域に石油・

天然ガスが豊富に埋蔵されている」と公表したことでした。これを受けて、3年後に中国と台湾が相次いで尖閣諸島の領有を主張する外交部声明を出し、日本との紛争が表面化したのです。

ただし、日本との国交正常化交渉を目前に控えていた中国は、尖閣諸島をめぐる領有権争いを政治問題化させませんでした。1972年の日中国交回復の際、周恩来首相が「尖閣諸島問題にはふれたくない」と発言したのに続き、1978年に日中平和友好条約を結んだときにも鄧小平副主席が「(尖閣問題は)いまは突き詰めるべきではない」と切り出し、棚上げを日本側に示唆したのです。棚上げは事実上、日本が尖閣諸島を実効支配している現状の維持につながります。日本としても異論はなく、尖閣諸島の領有権をめぐる日中の衝突は回避されました。

注目すべきは、鄧小平副主席が棚上げの提案に続き、「(領土問題は)次の世代、さらにその次の世代が解決の方法を探すだろう」と表明したという事実です。竹島問題の棚上げにあたって、日韓の交渉担当者らがその解決を次世代に委ねたのと同様に、日中の交渉担当者もまた、領土紛争の解決を後世の英智に託したのです。

このように、竹島、尖閣といった領土問題は当時、相互に国交もなかった状況で何とか新しい善隣関係を築こうと汗をかいた日中韓の先人らが、現在を生きる私たちに残した

「大いなる宿題」でもあります。私たちは、この宿題をやりとげることができたのでしょうか？

　答えは否です。20世紀に棚上げを合意し、その間に交流を深めてきたにもかかわらず、日中韓は新しい世紀になってもその答えを探し出せていません。それどころか、21世紀の日中韓は前世紀よりもむしろ領土ナショナリズムを強め、対立を深めているように見えます。先人が残した宿題を私たちは上手にやりとげてはいません。

共同管理を構想する

　この宿題の答えとして提案したいのが、共同管理というアイデアです。

　領土問題の棚上げは紛争当事国の関係悪化を防ぐ優れた手法ですが、一時的な時間稼ぎにすぎません。戦争に例えると、平和協定ではなく、一時的に交戦を中止する休戦協定を結んだ状態といえます。紛争当事国が対立を乗り越え、本当の平和と繁栄を手にするためには、休戦協定を平和協定に改めなくてはいけないように、領土紛争も棚上げ状態から次の新たなステップへと踏み出すべきです。その方法は、共同管理をおいてほかにありません。

とくに竹島は、北方四島のように、そこに1万7000人ものロシア系住民が居住したり、空港、港湾、道路、病院、学校などの社会インフラが整備されているわけではありません。韓国の国境警備隊が少数駐在しているものの、実際には岩礁にすぎず、仮に共同管理に踏み切ったとしても、住民の移住や社会インフラの引き渡しに伴う補償などの問題は発生しません。

島内に問題がないとしたら、周辺海域の漁業資源はどうでしょうか?

竹島周辺の漁業資源については、1998年に成立した日韓新漁業協定があります。日韓間には1965年の日韓条約成立と同時にできた日韓漁業協定がありましたが、94年の国連海洋法条約*発効を受けて破棄され、新しく結ばれました。

この新漁業協定は当時、日韓のトップだった橋本龍太郎首相と金泳三大統領が竹島の領有権問題と漁業問題を切り離すことを確認し、合意にこぎつけたものです。協定では双方の排他的経済水域**が重なる海域を水産資源の共同利用や保護ができる暫定水域に設定しており、竹島はこの暫定水域内に位置しています(見返し地図参照)。

暫定水域では3つのルールが定められました。

①漁船は自国の法律にしたがって操業する。

②日韓両国がそれぞれ自国の漁船の取り締まりを行う。

*1982年に国連で採択された「海洋法に関する国連条約」。94年11月発効。200海里の範囲内の水産資源や鉱物について、沿岸国の開発の権利と管理や、海洋汚染防止の義務が定められた。

**海洋法条約に基づいて設定される経済的な主権が及ぶ水域で、基線から200海里まで。

③日韓2名ずつの委員からなる漁業共同委員会を設け、水産資源の保護に関する事項を協議し、両国に勧告する。

この新漁業協定をベースに日韓の漁民が公平に操業できる環境を整えれば、竹島周辺の漁業資源の日韓共同管理はそれほど難しくないでしょう。具体的には、次の2点を合意すべきです。

①底刺し網漁、カゴ網漁の禁止、暫定水域の交代利用など、操業ルールを統一し、水産資源の保護、日韓漁船の安定操業を図る。

②排他的経済水域の起点から竹島を除外し、日本側は隠岐島、韓国側は鬱陵島とする。

さらに、海底資源の取り扱いも共同管理の障害にはなりません。

この海域での資源開発は、尖閣諸島近海のような開発事業が進行中というわけではなく、これからの課題となっています。共同管理下、日韓で海底資源を探査・開発する共同プロジェクトを実施すれば、事業リスクを分散できるだけでなく、資源の有効利用も進むはずです。共同管理はむしろ、この海域の開発にとってメリットとなります。

それでは、共同管理の手法はどのような形態があるでしょうか？

まず考えられるのは、日韓どちらかが竹島の主権を放棄し、その見返りとして、竹島やその周辺海域で海洋資源開発など、共同の経済プロジェクトを行うという方法です。灯台や船溜まりなど、両国の船舶が安全に航行できる施設を日韓共同で竹島に運営することもできるでしょう。

ただし、このケースはどちらか一方の国が竹島への主権を失うという大きな譲歩を強いられることになります。したがって、あまり現実的な共同管理案とは言えません。

そこで第二のシナリオとして浮上するのが、竹島の帰属をあえて曖昧にしたまま、共同管理を行うという手法です。日韓にはすでに、竹島密約で領有争いを棚上げにした実績があります。この棚上げで見せた寛容と柔軟の精神を今度は共同管理のシーンに発揮するのです。しかも、この手法には先例があります。

徳川幕府は1855年に、ロシアと日露和親（通好）条約を取り結びました。このとき、日ロ双方は千島列島の択捉《エトロフ》島とウルップ島の間に国境を画定した一方で、樺太《カラフト》については帰属や国境線をわざと決めないままにすませたのです。これによって、両国とも樺太への上陸と往来が自由になり、この地域は日ロによる一種の共同管理状態に置かれることになったのです。

とはいえ、この第二のシナリオを現在の竹島に適用したのでは、主権問題を曖昧にした分だけ日本が不利になります。韓国が竹島を実効支配しているため、日本の主権が認められない形が事実上、継続してしまうからです。

わたしがもっともよい共同管理案と考えるのは、日韓双方が竹島に対する主権の主張を認め合い、なおかつその白黒をつけないまま、共同管理を行うというシナリオです。これなら両国とも竹島への主権は潜在的に認められる形になり、ともに傷つくことはありません。

ここで問題となるのは、共同経済プロジェクトなどを行う際の法令適用など、統治の形態をどう定めるかです。

竹島を韓国が実効支配しているという現状を尊重するならば、まずは韓国の施政権を認め、韓国の法令に従ってさまざまな日韓共同プロジェクトを進めるという選択もあり得るでしょう。それによって日韓が共同で島内に施設を設置するなどの既成事実が進めば、時間の経過とともに竹島は韓国が単独で実効支配する島から、日韓両国が実効支配する島へと変わります。

そのうえで改めて日韓が共同立法を行えば、主権を争うことなしに、2国での管理・統治が可能です。もしどうしても国境の画定が必要というのなら、共同統治の深化を見計らいながら、竹島の中間に国境線を引くなどの措置をとればよいでしょう。

そのほかにも、さまざまな共同管理のパターンが考えられます。いずれにしても共同管理を構想するときに大切なのは、帰属に白黒をつける方式ではなく、どうすれば和解と協働を通じて竹島を「もやいの島」とすることができるのか、その最良の方式を見つけ出すことです。

「国益」から「域内益」へ

共同管理を構想するうえで、重要なことがもうひとつあります。

それは「国益」という言葉に囚われないことです。「国益」の追求は主権国家にとって当然の権利ですが、それがいつも適切で合理的とはかぎりません。国際的な公正や正義に反して主張される場合も、少なくありません。

その典型は「国益」の名の下に行われる戦争です。アルカイダ*の陰謀も大量破壊兵器の保有もなかったイラクに、アメリカが侵攻した際に叫ばれたのも、「国益」という言葉でした。領土争いも「国益」のぶつかり合いの一種です。共同管理は国境を越えた2国間の和解と協働のうえに成り立つものですから、当然、双方の「国益」は調整されなくてはなりません。共同管理のシーンでは、むしろ「国益」より東アジアや北東アジアといった「域内」の利益が重視されなければならないのです。

グローバル化が進む世界にあっては、国家はもはや一国では生存はできません。一国で

*イスラム教の理念の実現を目指す国際的なネットワーク。2001年のアメリカ同時多発テロを実行したとされている。

は対処しきれないリスクを管理するため、多国間の協力や連携が不可欠となっています。それは、軍事的な脅威への対処だけにとどまらず、海賊、テロ、麻薬・国際犯罪、環境保全など、非伝統的な安全保障面までも含みます。さらに、国外の成長力を国内に取り込んで繁栄しようと思えば、自由で公正な貿易や投資を保護・促進するための多国間の経済連携も必要です。そのため、ＥＵ（欧州連合、現在27カ国）やＡＳＥＡＮ（東南アジア諸国連合、現在10カ国）など、世界のいたるところで開かれた地域主義としての域内共同体づくりが進んできました。

域内共同体をつくるプロセスでは、共通の脅威や利害への対処ニーズが国家間の和解や協力を促し、それが機能主義的な統合や超国家的な制度を生み出します。そうした統合や制度がさらに和解や協力を促進させ、地域協力や共同体の形成をより深化させるのです。

領土問題は帝国主義下の列強諸国による陣取りゲームの結果、もたらされました。日本がかかえる北方（千島列島・樺太）、西方（竹島）、南方（尖閣諸島）の領土問題も、日本がアジアに進出・膨張してこれらの地域を領土化・植民地化したことが発生の起源です。しかし、植民地の維持は国民国家にとって、もはや国際信義面でも経済コスト面でも利益のないものになっています。領土が国富を生むという考えは、帝国主義が隆盛だった19世紀的な古い思考にすぎません。

20世紀に起きた2度の世界大戦を通じて、人類は植民地主義を反省し、否定しました。グローバル化の進む21世紀の今日にあっては、領土を超えた協働と開発、国家を超えた共通レジームの構築こそが平和と繁栄をもたらすと考えられています。偏狭な「国益」よりも多国間に共通する「域内益」を目指すことが重視されるのです。

だとしたら、こうした陣取りゲームの周縁に位置する竹島という岩礁をめぐって、日韓は争いをやめなくてはなりません。むしろ、その逆に竹島を日韓の域内協力、協働・開発の場、シンボルにすべきなのです。そのほうが「国益」に執着するより、ずっと多くの「域内益」を日韓双方にもたらすでしょう。

そもそも域内の統合を進展させようと思えば、国家は主権を一定の範囲内で縮小させ、より上位の超国家的な秩序機関に委ねなくてはなりません。たとえば、日本政府が交渉参加に踏み切ったTPP(環太平洋経済連携協定)が発効すれば、貿易、関税、投資が自由化されるだけでなく、加盟国の制度や基準にも大きな影響が及びます。TPPへの加盟によって、日本は主権の一部をその国際レジームに委譲することになるのです。

TPP参加に比べると、日韓が竹島を共同管理する場合に調整しなければならない主権の範囲はずっと小さいはずです。竹島を共同管理したからといって、日本の米作りや国民皆保険制度が危機に瀕したり、ISD条項*によって日本政府が外国企業に賠償を迫られる

*投資家対国家間の紛争解決条項。自由貿易協定を結んだ国同士において、一方の国が他方の国の企業に不当とみなされる措置をとった場合、その企業が相手国政府に損害を請求できる。

ことはありません。

ＴＰＰ参加は容認されようとしている一方で、なぜ、竹島の共同管理は売国的で非現実的なアイデアと一蹴されるのか、わたしたちはもう一度、冷静に思考すべきでしょう。ここにもまた、領土ナショナリズムの悪しき弊害が表れています。

共同管理が売国的な行為で、「国益」を損ねるというのは、偏狭に過ぎる主張です。たとえばＥＵを構成するドイツとフランスはアルザス地方（現在はフランス）をめぐって長い間、血で血を洗う領有争いを繰り返してきました。しかし、現在のアルザスは係争地どころか、ストラスブールに欧州議会の本会議場が置かれるなどＥＵ統合の象徴の地となっています。ドイツもフランスも、アルザスの権益を争うよりも統合を深め、この地をヨーロッパの十字路として共同で活用することが両国の平和と繁栄につながると認識しているのです。

アルザス地方は石炭や鉄鉱石などの地下資源が豊富で、人口は約１８０万人、総面積は８３００㎢にも及びます。それに比べて、竹島はわずか０・23㎢の荒涼とした岩礁にすぎません。これでは、ドイツとフランスの国民が「日韓はあまりにも瑣末な領土争いに明け暮れている」と呆れても不思議はないでしょう。

竹島の共同管理はまちがいなく日韓の統合を深め、日本海を中心とした北東アジアの

「域内益」を増進させます。そのために日韓が竹島への主権を一定の範囲で調整したとしても、それは「国益」を損ねることにはなりません。ましてや、売国的という批判が的はずれなことは言うまでもありません。

「またがり人」のすすめ

大阪府茨木市に「コリア国際学園」という中高一貫校があります。越境と多文化共生をミッションとし、在日コリアンだけでなく、日韓の二重国籍者や日本人の子どもも在籍する学校です。

そのため、ひとつの国家アイデンティティを押しつけるようなカリキュラムは組まれていません。エスノセントリズム(自民族中心主義)から距離を置き、複数の国家アイデンティティも許容されるなど、子どもたちが国家や民族のアイデンティティを自由に選べるよう配慮されているのです。たとえば、歴史については日本、韓国、北朝鮮の3カ国の教科書を使用し、生徒がそれぞれの違いを学べるようになっています。

このコリア国際学園の授業で竹島問題を取り上げ、解決方法を自由に論議したところ、もっとも多くの支持を集めたのは共同管理だったそうです。生徒の多くがためらうことなく、ごくごく自然に共同管理のアイデアを口にしたと聞きました。

どうしてコリア国際学園の生徒は、こんなにも軽やかに竹島の共同管理を受け入れられたのでしょう? それは、生徒たちが日韓の境界で分断されることなく、むしろその境界をまたいで生きようと志向しているからだと思います。

日本と韓国はともに単一民族色の強い国民国家であり、民族的な単位と政治的単位は一致すべしという強固なナショナリズムが当然視されてきました。それゆえ、多文化主義を掲げ、たえず異質な他者をかかえこんで「想像の共同体」を形成してきた欧米などの国民国家と違い、日韓では国民と民族が意図的に混同され、国民と民族の一致が自明のこととされてきました。日本国籍を取得した外国人がいつまでも日本人とみなされないのは、その一例です。

また、本来は個人を尊重する拠りどころとなるはずの国籍は、もっぱら個人を民族的価値に従属させ、人びとの統合を阻み、分断を助長する道具へと矮小化されてしまいました。このような状況下で、植民地の朝鮮半島から宗主国への越境的移動民である在日コリアンは国境や国籍、国家イデオロギーに切り刻まれ、あたかもジグソーパズルのピースのような存在に貶《おとし》められてきたのです。

こうした境遇にある在日コリアンが、国民国家に抗して十全たる個人として自立するには、日本による植民地支配と戦後の同化教育のなかで失った自尊感情や民族・文化的資質を回復する一方で、日韓両国に渦巻く過剰なナショナリズムや国家意識を相対化するトランスナショナルな視点が欠かせません。そこから導き出される解はひとつ。日韓の境界をまたいで生きることです。

在日コリアンは、日韓というふたつの国家ナショナリズムに細分化され、周縁化されてきました。境界をまたいで生きるとは、日韓のどちらかの統一された国家アイデンティティに拠るのではなく、そのハイブリッド性（異質なものの組み合わせ）を活かして両方の国家領域にまたがり、自己実現を図ろうというディアスポラ*の戦略の表明でもあります。

日本と朝鮮半島にまたがる跨境《こきょう》的アイデンティティを育みつつあるコリア国際学園の生徒たちもまた、このディアスポラの戦略を駆使し、日韓の架け橋になろうとしています。こうした生徒たちだからこそ、竹島は日韓で争うものではなく、共同で管理すべきものと、すんなり考えつくことができたのでしょう。

日韓とも2000年代に入って格差と貧困が広がり、社会には不機嫌なムードが充満してきました。その不満や不安が人びとを外に向けては攻撃的にさせ、内に向けては自分より下流の人をあげつらい、安堵したいという自己防御本能をうずかせています。

そんな人びとにとって、「他者」を外国に求め、いくら攻撃しても「国内」にいるかぎ

＊離郷民。元の国家や民族の居住地を離れて暮らす国民や民族集団。

り反撃されることのない領土ナショナリズムは、このうえもなく快適な空間です。そこは、「他者」を断罪し、一時のカタルシスに浸れるもっとも安全な「避難場」にほかなりません。

しかし、日韓に暮らすわたしたちはその避難場を抜け出て、和解と協働の場に立たなくてはなりません。およそ自分の暮らしとは無縁な絶海の岩礁を自らの共同体とみなす想像力があるなら、どうしてその境界を踏み越えて、隣国の人びととより大きな共同体を営むという想像力を発揮できないのか？　そのことを自らに問いかけるべきでしょう。

そのためには、自らの国家アイデンティティだけを肥大化させるのではなく、コリア国際学園の生徒たちのように、日韓をまたがる「域内」アイデンティティを養うことが求められます。「国益」だけでなく、「域内益」をも構想し、それを尊重できる北東アジア版公共人が求められているのです。

竹島の共同管理は不可能ではありません。日韓に北東アジアの「またがり人」が増えれば増えるほど、竹島の共同管理は現実味を帯びてくるでしょう。

あとがき

残念なことに、竹島の共同管理論は日本でも韓国でも評判がよくありません。韓国で「独島を日本といっしょに管理しよう」と主張すれば、「売国」「ネオ親日派」と批判されます。日本帝国主義による36年間の植民地支配の記憶があるだけに、韓国の人びとが竹島を独立回復のシンボルとみなす心情は十分に理解できます。

しかし、日本の主張同様、竹島を自国の領土とする韓国の主張にも、不確かな部分、曖昧な部分がつきまとっています。「独島韓国領論」を当然視するのではなく、日本との間に領土紛争があることを認め、どう解決するのか知恵をしぼらなくてはなりません。ところが、領土ナショナリズムが災いし、共同管理のアイデアを議論のテーブルに載せることすら難しい状況です。被害感情から一歩踏み出し、寛容と共栄の精神から竹島問題を眺めることが求められています。

日本の反応も憂慮されます。現在、竹島は韓国によって実効支配されていますが、共同管理が実現すれば、日本は事実上、竹島の半分を占有することになります。ゼロが2分の1になるのです。にもかかわらず、共同管理を支持する声はほとんど聞こえてきません。

2分の1の統治ではだめで、あくまでも全島を取り戻すべきという声が圧倒的です。

こうした日本の状況を見るにつけ、北方領土問題と同じように竹島問題もまた、歴史問題化しつつあるのではと危惧しています。北方4島のうち、歯舞、色丹2島に対する日本の主張は正当に思えます。本来なら、サンフランシスコ講和条約発効後、この2島は日本に返還されてもおかしくありませんでした。

北方領土については、日本が敗戦で弱っている間にソ連から奪われてしまったと、割り切れない思いを噛みしめている日本人は少なくないでしょう。その意味で、北方領土問題は日本人にとって、単なる領土紛争ではありません。歴史の記憶をめぐる対立、紛争なのです。

一方、竹島の帰属については、そうした感情は日本国内に広く共有されてきたとは言い難いところがありました。もともと竹島は人の居住に適さない岩礁にすぎません。日本が韓国を植民地支配したという歴史上の引け目も手伝って、比較的、寛容なまなざしが注がれてきたと思います。

しかし、21世紀に入り、日本の人口減、GDP減が明らかになるにつれ、そうした寛容さは失われてしまいました。「竹島を韓国から取り戻せ」という声を聞くにつけ、竹島問題が日本人にとって、単なる領土紛争ではなく、日韓の記憶をめぐる争いになりつつあるのではないかと心配しています。ここに影を落としているのも、領土ナショナリズムです。

グローバル化が進む現代にあって、国家は主権を強化させることよりも、多国間関係の中で一国の主権をいかに巧みに調整、共有、相対化させるかに、大きな関心を払わざるを得なくなっています。国境などおかまいなしに、さまざまな危機が国民国家に降りかかってくるからです。

ところが、こと領土問題となると、そうした国民国家をめぐる新しい動きは無視され、肥大化したナショナリズムが国家主権の絶対化＝「固有の領土論」を叫ばせます。しかも、竹島の領有の正当性をめぐっては、日韓ともに歴史問題化しているのです。こうなると互いの「正義」や「被害感情」がぶつかり、容易には解決できません。

竹島の共同管理は、こうした日韓の膠着状況に風穴を開けるものです。共同管理を可能とするには、日韓の人びとがナショナル・アイデンティティのみに充足するのではなく、両国にまたがる複合的なアイデンティティをもつことが大切となります。それを「北東アジア・アイデンティティ」と呼んでもよいかもしれません。

わたしは在日コリアン3世です。朝鮮半島から日本列島へと越境的移動してきた民の子孫です。そのため、わたしの体内には日本・韓国双方にまたがる越境的なアイデンティティが形成されています。そんなわたしからすれば、竹島とは日韓の人びとがその帰属を争うものではなく、共同で利用・管理するものとしか思えないのです。

竹島問題の解決は難しくありません。日韓に暮らすわたしたち一人ひとりが領土ナショナリズムと決別し、北東アジアにまたがる越境的なアイデンティティを養えば、たやすいはずです。

本書は月刊誌『世界』（岩波書店）２０１２年11月号に掲載された小文（『領土ナショナリズムをどう乗り越えるか』）を大幅に加筆し、書き上げました。掲載に尽力してくださった『世界』編集部の清宮美稚子編集長にお礼を申しあげます。また、本書の出版を熱心に勧め、辛抱強く原稿を待ってくださったコモンズ代表の大江正章氏にも合わせて感謝の念を捧げます。

２０１３年5月

姜　誠

【著者紹介】

姜　誠（カン・ソン）
1957年　山口県生まれ（在日コリアン3世）。
1980年　早稲田大学教育学部卒業。
2002年サッカーワールドカップ外国人ボランティア共同世話人、定住外国人ボランティア円卓会議共同世話人、文化庁文化芸術アドバイザー（日韓交流担当）などを歴任。
現　在　ルポライター、コリア国際学園監事。
著　書　『パチンコと兵器とチマチョゴリ』（学陽書房、1995年）、『5グラムの攻防戦』（集英社、1996年）、『越境人たち六月の祭り』（集英社、開高健ノンフィクション賞優秀賞、2003年）、『『マンガ嫌韓流』のここがデタラメ』（共著、コモンズ、2006年）など。

竹島とナショナリズム
二〇一三年六月五日　初版発行
著　者　姜　誠

発行者　大江正章
発行所　コモンズ
東京都新宿区下落合一―五―一〇―一〇〇二
TEL〇三（五三八六）六九七二
FAX〇三（五三八六）六九四五
振替　〇〇一一〇―五―四〇〇一二〇
info@commonsonline.co.jp
http://www.commonsonline.co.jp/
印刷・東京創文社／製本・東京美術紙工
乱丁・落丁はお取り替えいたします。
ISBN 978-4-86187-099-6 C 0031

＊好評の既刊書

写真と絵で見る**北朝鮮現代史**
●金聖甫他著、李泳采監訳・解説、韓興鉄訳　本体3200円＋税

北朝鮮の日常風景
●石任生撮影、安海龍文、韓興鉄訳　本体2200円＋税

目覚めたら、戦争。　過去《いま》を忘れないための現在《かこ》
●鈴木耕　本体1600円＋税

安ければ、それでいいのか⁉
●山下惣一編著　本体1500円＋税

協同で仕事をおこす　社会を変える生き方・働き方
●広井良典編著　本体1500円＋税

ウチナー・パワー　沖縄　回帰と再生
●天空企画編、島尾伸三・保坂展人ほか　本体1800円＋税

脱原発社会を創る30人の提言
●池澤夏樹・坂本龍一・池上彰・小出裕章・飯田哲也・田中優ほか　本体1500円＋税

徹底検証ニッポンのODA
●村井吉敬編著　本体2300円＋税

いつかロロサエの森で　東ティモール・ゼロからの出発
●南風島渉　本体2500円＋税

ぼくが歩いた東南アジア　島と海と森と
●村井吉敬　本体3000円＋税

新しい公共と自治の現場
●寄本勝美・小原隆治編　本体3200円＋税